O Supremo Sucesso

O Supremo Sucesso

Dissertações sobre espiritualidade

por Swami Ramakrishnananda Puri

Mata Amritanandamayi Center, San Ramon
Califórnia, Estados Unidos

O Supremo Sucesso
Dissertações sobre espiritualidade
por Swami Ramakrishnananda Puri

Publicado por:
   Mata Amritanandamayi Center
   P.O. Box 613
   San Ramon, CA 94583
   Estados Unidos

––––––––– *The Ultimate Success (Portuguese)* –––––––––

Primeira edição em português: por MA Centro: abril 2016

No Brasil: www.ammabrasil.org
Em Portugal: www.ammaportugal.org
Em Índia:
   www.amritapuri.org
   inform@amritapuri.org

Dedicatória

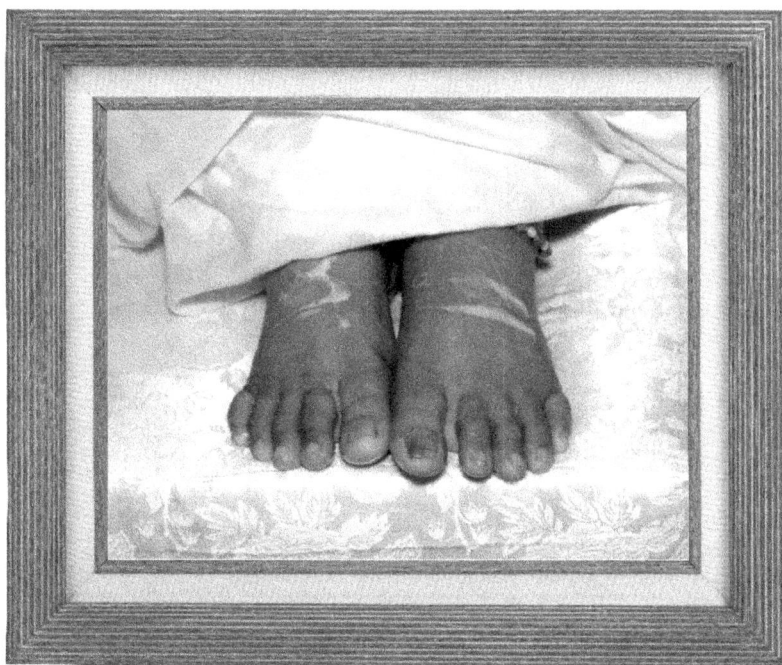

*Ofereço humildemente este livro aos pés de lótus de minha
amada Satguru Sri Mata Amritanandamayi.*

Índice

Prefácio   *8*

A vida da Amma em poucas palavras   *11*

Parte 1.   O que é o supremo sucesso?   17

1. Sucesso verdadeiro   19
2. O que é verdadeiramente real?   27
3. Escolhas e consciência   33
4. Dedicação ao dharma   37
5. Ação iluminada   41
6. A grandiosidade da humildade   49

Parte 2.   O caminho para o supremo sucesso   59

7. O corpo, a mente e o intelecto: um guia para o usuário   61
8. O propósito da vida   67
9. A transformação final   73
10. O desejo que elimina os desejos   81
11. O poder dos hábitos   95
12. Atitude e ação   99
13. Egoísmo e altruísmo   109
14. Satsang: o primeiro passo na vida espiritual   113
15. Peregrinação ou piquenique   121
16. O poder especial do discernimento   129

17. Do discernimento ao desapego 139

18. Entender a natureza do mundo 143

19. O crescimento integral é o autêntico crescimento 155

20. Por que Vênus é mais quente que Mercúrio:
a importância da receptividade 165

21. Como desenvolver uma devoção genuína 169

22. A visão das escrituras 179

23. A espiritualidade em ação 191

24. Como reconhecer um Mahatma 203

25. Som, visão, toque, pensamento: os métodos de iniciação
de um mestre 209

26. As três formas pelas quais a Amma nos protege 217

27. A Amma é um Avatar? 223

28. Você precisa acender a luz: graça e esforço 231

Epílogo O amor do mestre 233

Glossário 242

Prefácio

yo dhruvam parityajya adhruvam parisevate
dhruvam tasya naṣyathi adhruvam naṣṭameva hi

*Aquele que abandona o Permanente em busca do
efêmero, perde o Permanente e nem sequer permanece
com o efêmero.*

—Antigo provérbio indiano

No mundo moderno, existem inúmeros caminhos para usufruir
os prazeres dos cinco sentidos. Da mesma forma que existe uma
banda larga da informação, existe uma "banda larga dos sentidos".
Desde o mais desprovido até o mais abastado na sociedade, todos
estão inclinados a perseguir os prazeres materiais, acreditando que
a gratificação do desejo seja a forma mais elevada de felicidade
que o mundo tem para oferecer.

No entanto, no fundo, duvidamos que realmente sejamos
capazes de realizar todos os nossos desejos e objetivos. Sabemos
que um milionário talvez não tenha filhos amorosos, que um atleta
olímpico medalhista de ouro pode estar sofrendo de estresse e
que o casamento de um astro de cinema pode estar estremecido.

A verdade é que nada no mundo externo pode oferecer um
contentamento duradouro. É claro que isso não quer dizer que
os seres humanos não devam buscar a felicidade do mundo. Entretanto, enquanto desfrutamos dos prazeres terrenos, também
deveríamos ser capazes de entender sua verdadeira natureza e
procurar aquilo que nos dará a felicidade permanente.

A única pessoa que satisfez todos os seus desejos é aquela que
transcendeu a identificação com o corpo, a mente e o intelecto,

realizando assim sua verdadeira natureza, o Ser Universal presente em todos os seres como consciência pura. Quando percebemos pela experiência pessoal direta que existe somente um único "Ser", entendemos que não existe mais nada a conquistar em toda a criação, e somos capazes de mergulhar no oceano de bem-aventurança que é a nossa verdadeira natureza e nossa última morada.

Se, por outro lado, passamos nossa vida perseguindo os objetos temporários do mundo, perdemos a felicidade permanente do Ser Superior e, no final, também ficamos sem os objetos do mundo - na hora da morte ou mesmo antes.

A Amma é um exemplo vivo de uma pessoa que alcançou tudo o que há para alcançar. Da nossa atual perspectiva, os objetos do mundo podem parecer oferecer a maior felicidade na vida, mas para a Amma, que conhece sua verdadeira natureza, esses objetos são bobagens. Uma vez atingido o estado de realização, podemos ter tudo o que quisermos, mas esse é um estado de tal satisfação que não deixa espaço para desejos. Não sentimos falta de nada.

Tendo tido a boa sorte de viver com a Amma pelos últimos 27 anos, quis compartilhar algumas das experiências que tive com ela, assim como as lições que aprendi ao longo do caminho. Os artigos aqui apresentados, baseados na tradição da sabedoria védica assim como nas minhas experiências com um *satguru* (Mestre Verdadeiro), analisam algumas das armadilhas na estrada para a autorrealização assim como os benefícios infinitos que obtemos com essa vitória final sobre o nosso ego.

Um devoto me disse certa vez: "A Amma é um charada, envolta em mistério, dentro de um enigma". Não só não sabemos quem a Amma é, como também não sabemos quem somos. Por outro lado, a Amma sabe, a partir de sua própria experiência, que ela e nós – e toda a criação – somos um. É por isso que milhões de pessoas de todas as camadas sociais, de todas as raças e religiões e de cada canto do globo buscam o amor e as bênçãos da Amma.

Mas ela não quer que permaneçamos na escuridão. O maior desejo da Amma é que todos seus filhos, o que quer dizer todos os seres vivos, cheguem um dia a realizar a suprema felicidade da autorrealização. Esse é o sucesso mais sublime que alguém pode almejar na vida. A Amma é a Mestre Suprema, que pode nos levar a Ele. Que suas bênçãos e graça nos ajudem a alcançar esse sucesso supremo.

Swami Ramakrishnananda Puri
Amritapuri
27 de setembro de 2004

A vida da Amma
em poucas palavras

"Nossas habilidades concedidas por Deus são um tesouro destinado a nós e ao mundo. Essa riqueza não deveria nunca ser mal utilizada e transformada em um peso para nós e para o mundo. A maior tragédia da vida não é a morte; a maior tragédia é permitir que nosso grande potencial, nossos talentos e capacidade sejam subutilizados, permitir que enferrujem enquanto vivemos. Quando usamos a riqueza obtida da natureza, ela diminui, mas quando usamos a riqueza de nossos dons internos, ela aumenta."

—Sri Mata Amritanandamayi
"Que a Paz e a Felicidade Prevaleçam"
Discurso de encerramento
do Parlamento Mundial das Religiões, 2004

Amma nasceu em uma vila pobre de pescadores em Kerala, sul da Índia, em 1953. Ainda criança, ficou claro que Sudhamani, como era chamada na época, era especial. Sem qualquer estímulo, ela era profundamente espiritualizada, e a intensidade de sua compaixão era notável. Ela era diferente, mal compreendida e maltratada; teve uma infância muito difícil e sofreu muitíssimo.

Desde uma idade muito tenra, Amma passava a maior parte de seu tempo cumprindo tarefas domésticas. Como parte de seus deveres, tinha que coletar comida para as vacas da família. Ela circulava pela vila local, recolhendo capim e visitando as casas dos vizinhos para juntar cascas de vegetais e restos de mingau de arroz para as vacas. Nessas horas, ela via muitas coisas que perturbavam seu coração. Ela via como algumas pessoas morriam de fome enquanto outras tinham fartura suficiente para alimentar várias gerações. Ela via muitas pessoas doentes e sofrendo intensas dores, incapazes de comprar um único analgésico. E também observava que muitos dos idosos eram negligenciados e maltratados por suas próprias famílias. Sua empatia era tanta que a dor dos outros era insuportável para ela. Embora fosse apenas uma criança, começou a refletir sobre a questão do sofrimento. Perguntou-se: "Por que as pessoas sofrem? Qual é a causa básica do sofrimento?" Ela sentia uma presença tão forte de Deus dentro dela que queria confortar e elevar espiritualmente aqueles que eram menos afortunados que ela.

De certa forma, foi assim que a missão da Amma começou. Ela compartilhava sua própria comida com os famintos e dava banho e vestia os idosos que não tinham ninguém que cuidasse deles. Ela era punida quando dava a comida e os pertences da família para os pobres, mas sua compaixão era tanta que nada conseguia detê-la.

As pessoas começaram a notar que havia algo de extraordinário em Sudhamani. Viram que ela era completamente altruísta, que dedicava cada momento de sua vida para cuidar dos outros e que irradiava um amor incondicional e ilimitado.

Quando Sudhamani estava com vinte e poucos anos, a maternidade universal que despertara nela fez com que ela abraçasse espontaneamente todos os que viessem até ela. Ela sentia que cada um era como seu próprio filho, e pessoas de todas as idades começaram a chamá-la de "Amma" (Mãe). Centenas de pessoas começaram a aparecer todos os dias para passar alguns momentos em sua presença.

Dessa forma, o *darshan*[1] da Amma tomou a forma de um caloroso e amoroso abraço maternal. Ela ouvia os sofrimentos das

---

[1] A palavra *"darshan"* literalmente quer dizer "ver". É tradicionalmente usada no contexto do encontro com uma pessoa sagrada, ver uma imagem de Deus ou ter uma visão de Deus. Nesse livro, *darshan* se refere ao abraço maternal da Amma, que também é uma benção.

pessoas que a visitavam, consolando-as e acarinhando-as e também começou a ensiná-las sobre o verdadeiro propósito da vida. Os primeiros discípulos monásticos da Amma vieram residir permanentemente ao seu lado em 1979. Foram eles que a denominaram Mata Amritanandamayi (Mãe da eterna bem--aventurança). Quando cada vez mais jovens sentiram-se inspirados pela compaixão altruísta da Amma e começaram a buscar sua orientação espiritual, um *ashram* foi fundado. Assim, em 1981, a construção de algumas poucas e humildes cabanas de sapê junto à casa da família da Amma marcou o começo do eremitério de Mata Amritanandamayi.

Em 1987, em resposta aos pedidos de seus filhos por todo o mundo, Amma embarcou em sua primeira viagem mundial. Hoje, tanto na Índia quanto no exterior, a Amma é reconhecida como uma das principais líderes espirituais do mundo. Ela passa a maior parte do ano viajando por sua terra natal, a Índia, e por toda a Europa, Estados Unidos, Canadá, Japão, Malásia, Austrália e outros. A compaixão da Amma ultrapassa todas as barreiras de nacionalidade, casta, raça, gênero, posição socioeconômica, credo, religião e condição de saúde. Para onde quer que viaje, ela cumprimenta cada um que se aproxima dela com um abraço maternal, mostrando com seu exemplo que a aceitação e o amor incondicionais são a base do serviço ao próximo. Nos últimos trinta anos, a Amma abraçou e abençoou mais de 23 milhões de pessoas.

Hoje, o *ashram* da Amma é o lar de mais de 3.000 residentes. Milhares de pessoas o visitam diariamente, vindas de todos os cantos do mundo. Inspirados pelos exemplos de amor, compaixão e serviço abnegado, tanto os residentes do *ashram* quanto os visitantes se dedicam a servir ao mundo. Por meio da vasta rede de projetos de caridade da Amma, eles trabalham para ajudar os que necessitam de abrigo, assistência médica e educacional, treinamento vocacional, assim como suporte financeiro e material. Inúmeras pessoas em todo mundo contribuem para esses esforços amorosos.

Uma das manifestações mais espetaculares desse trabalho de amor é o Instituto Amrita de Ciências Médicas e Centro de Pesquisas (AIMS), um extraordinário hospital de ponta, sem fins lucrativos, com 1.200 leitos. Ele é dedicado à excelência no tratamento da saúde e à melhoria do bem-estar da comunidade por meio da medicina preventiva, formação médica e pesquisa. No AIMS, mesmo o mais pobre dos pobres recebe os melhores cuidados médicos com a mais alta tecnologia possível, com médicos e enfermeiras altamente qualificados, em uma atmosfera de amor e compaixão.

Mais recentemente, a Amma apareceu nas manchetes internacionais em janeiro de 2005, quando anunciou que o *ashram* doaria 1 bilhão de rúpias (em torno de US$ 23 milhões) para ajudar a reconstruir casas por todo o sul da Índia que haviam sido destruídas pelo devastador tsunami em dezembro de 2004. Assim que houve o impacto da tsunami, o *ashram* concentrou 100% de seus recursos em prol do trabalho de assistência, providenciando comida, abrigo e assistência médica e emocional gratuitos.

A Amma fundou sua primeira instituição educacional em 1987, o Amrita Vidyalayam (escola primária) em Kodungallur, Kerala. Desde então, o eremitério Mata Amritanandamayi já fundou mais de 60 instituições educacionais em toda a Índia, incluindo faculdades de engenharia, institutos de informática e faculdades de medicina, todas elas fornecendo educação de alta qualidade baseada em valores.

Hoje, a Amma, que teve muito pouca educação formal, é a chanceler do Amrita Vishwa Vidyapeetam, a mais jovem universidade privada reconhecida pelo governo da Índia, que oferece graduações em medicina, engenharia, administração, jornalismo, artes e ciências. Nela, os alunos aprendem o necessário para terem uma carreira profissional bem sucedida assim como levarem uma vida pacífica e feliz.

Cada vez mais, a Amma é requisitada para aconselhar não só indivíduos, mas também a comunidade global de nações e crenças. Recentemente, a Amma discursou no Encontro para a Paz Mundial no Novo Milênio, em Nova York (2000) e na Iniciativa pela Paz Mundial de Líderes Espirituais e Religiosas, na Organização das Nações Unidas, em Genebra, onde também recebeu o prêmio Gandhi-King de não-violência. Em 2004, ela participou do Parlamento das Religiões Mundiais em Barcelona, onde fez o principal discurso na sessão de fechamento do plenário.

Talvez a maior expressão até agora do amor da Amma pelo mundo, e do mundo por ela, tenha sido o *Amritavarsham50: Abraçando o Mundo pela Paz e pela Harmonia*. Inicialmente elaborado por seus devotos como uma celebração pelo 50º aniversário de seu nascimento, Amma, de sua forma humilde, transformou o evento em uma oração e em um plano de ação pela paz e felicidade de todos. Mais de 250 mil pessoas por dia participaram dos quatro dias de celebrações, incluindo o presidente e o primeiro-ministro em exercício da Índia, um ex-senador dos Estados Unidos e muitos outros líderes políticos, personalidades de todas as maiores tradições religiosas do mundo, líderes financeiros internacionais e, evidentemente, os devotos da Amma de praticamente todas as nações do planeta. No centro do *Amritavarsham50* estava, é claro, a Amma, fazendo o mesmo que vem fazendo todos os dias pelos últimos 30 anos: abraçando de um a um, confortando e abençoando todos que a procuram.

Como disse a Dra. Jane Goodall, ao oferecer à Amma o Prêmio Gandhi-King de não-violência de 2002: "Ela está de pé aqui na nossa frente: o amor de Deus em um corpo humano."

Parte 1

O que é o supremo sucesso?

Conhecer os outros é inteligência;
Conhecer a si mesmo é verdadeira sabedoria.
Controlar os outros é força;
Controlar a si mesmo é verdadeiro poder.
Se você entender que tem o suficiente,
Será verdadeiramente rico.

—Tao Te Ching

Capítulo 1

Sucesso verdadeiro

Todos querem ser bem-sucedidos, mas não importa o quão bem-sucedida uma pessoa seja, ela ainda quer mais. O gerente de um departamento quer se tornar gerente sênior, o gerente sênior quer se tornar diretor-executivo, e o diretor--executivo quer comprar outras companhias. O milionário quer se tornar bilionário. O senador quer ser eleito vice-presidente e presidente. Mesmo depois de se tornar presidente, ele ou ela vai querer ser algo mais.

Nesse contexto, eu me lembro de uma ocasião quando a Amma se reuniu com o vice-presidente de certo país. Nessa época, ele tinha quase 75 anos de idade e sua saúde não estava boa. Como ele havia iniciado sua carreira de uma posição muito baixa em seu partido político, todos na nação o consideravam um grande sucesso. Contudo, ele confessou para a Amma que ainda tinha um objetivo final: tornar-se presidente do país. Ele achava que somente então sua vida seria um sucesso.

Ninguém considera sua situação como um sucesso completo. É por isso que existem tantos seminários sobre como tornar-se bem-sucedido. Para aqueles que já são bem-sucedidos, existem seminários sobre como tornar-se ainda mais bem-sucedido. Existem até seminários sobre como ser bem-sucedido em ensinar os outros a se tornarem bem-sucedidos. O sucesso é normalmente definido como algo além ou algo mais do que aquilo que já conseguimos. É por isso que estamos constantemente lutando para adquirir ou conquistar alguma coisa.

Algumas pessoas correm atrás de dinheiro, enquanto outras buscam fama e poder. E, claro, algumas pessoas se dedicam a alcançar metas nobres. Mas quando definimos o sucesso como a conquista de qualquer objetivo externo, nunca nos sentimos verdadeiramente bem-sucedidos. Primeiro, talvez não tenhamos as qualificações para alcançar tal objetivo. Talvez sejamos qualificados, mas não tenhamos a oportunidade certa. Mesmo que tenhamos a oportunidade, talvez tenhamos que enfrentar muitas adversidades. Além disso, nossos objetivos mudam com a experiência e com o tempo. Às vezes, quando atingimos uma meta, temos uma nova definição do que é preciso para ser bem-sucedido. Por fim, sempre veremos alguém mais bem-sucedido que nós.

Entretanto, de uma perspectiva espiritual, todos possuem a mesma riqueza interna e têm o mesmo potencial inerente para o sucesso. Pessoas com certas deficiências físicas talvez nunca sejam bem-sucedidas como atletas. Um mudo talvez nunca seja bem-sucedido como cantor. Uma pessoa pobre, sem experiência em negócios, pode não ser bem-sucedida como empresária. Um prisioneiro nunca poderá ocupar um cargo público. Ainda assim, todas estas pessoas possuem o mesmo tesouro espiritual, bem como o potencial para realizá-lo e serem verdadeiramente bem-sucedidas.

Portanto, o que é o verdadeiro sucesso? De acordo com o antigo modo de vida indiano conhecido como *Sanatana Dharma*[1], existe uma conquista sobre a qual se diz, "*Yal labdva naparam labham*", que significa: "Depois de conquistá-la, nada mais há para ser conquistado". Essa conquista é a autorrealização. Realizar o Ser significa vivenciar que o seu verdadeiro Eu Interior e Deus são um e o mesmo. Essa realização é o verdadeiro sucesso. Todas as outras formas de sucesso ou conquista serão tomadas pela morte. Por outro lado, o conhecimento em primeira mão

---

[1] *Sanatana Dharma* é o nome original para o hinduísmo; significa "O modo de vida eterno".

do Ser Superior permanecerá intocado seja pelo que for, até pela morte. Da mesma forma que a eletricidade não é afetada quando a lâmpada queima, a morte do corpo de maneira alguma afeta o *Atman*, que toma um novo corpo físico e continua com novas experiências de vida. Para aquele que realizou o Ser Superior, a morte não é mais amedrontadora do que a troca de uma roupa velha por uma nova.

Quando dizemos "eu", estamos nos referindo ao nosso corpo físico e à nossa personalidade ou ego. Ignoramos o *Atman*, que é nosso Eu Verdadeiro, a nossa essência. O *Atman* dá vida ao corpo. Da mesma forma que um veículo só anda se tiver gasolina, o corpo físico funciona por causa da presença do *Atman*. Esse Eu Universal, presente em todos os seres, também é chamado de Consciência Suprema, Deus, ou simplesmente Verdade. Em um mundo de nomes e formas em constante mudança, só o *Atman* é imutável; é o substrato de toda a criação.

Aquele que tem esse conhecimento do *Atman* está sempre satisfeito. Plenamente estabelecido no *Atman*, ou Eu Superior, tal pessoa vê somente o seu próprio Ser em todo lugar e em todas as pessoas. Sendo assim, ela nunca se sente mais ou menos bem-sucedida do que os outros. Quando não existe um segundo indivíduo, com quem a pessoa vai se comparar? O que ela vai querer alcançar?

Certa vez, havia um rei que estava envelhecendo e ele não tinha filhos para sucedê-lo ao trono. Era um antigo costume daquele reino que, se o rei não tivesse filhos no final de sua vida, um dos elefantes reais seria enviado para fora do palácio ostentando uma guirlanda de flores em sua tromba. A pessoa que recebesse a guirlanda do elefante seria nomeada herdeira do trono.

Quando ficou claro que o rei iria morrer sem filhos, ele ordenou que um elefante fosse enviado para fora do palácio com a guirlanda na tromba, como era o costume. O elefante colocou a guirlanda no pescoço da primeira pessoa que encontrou, que ocorreu de ser um mendigo que estava de pé na beira da estrada. Atemorizado com a aproximação do enorme animal, o mendigo girou nos calcanhares e saiu correndo para salvar sua vida. Os ministros do rei, que assistiam o desenrolar da cena, foram atrás do homem e finalmente o pegaram. Eles explicaram ao perplexo mendigo que ele seria o próximo rei e o escoltaram de volta ao palácio.

Depois de alguns anos, o rei morreu e o antigo mendigo foi coroado o novo rei. Embora os ministros lhe oferecessem todo o luxo possível, ele guardava suas velhas roupas remendadas, sua tigela de pedinte e seu cajado em um baú dourado em seu quarto. Por muitos anos em seu reinado, ele tinha a ideia de voltar para a sua antiga vida, só por um dia, para ver como seria. Certa noite, ele destrancou o baú dourado e vestiu seus trapos, pegou sua tigela de pedinte e o cajado e deixou o palácio em segredo.

Vestido como o mendigo que fora um dia, o rei saiu a pedir esmolas. Com o passar do dia, ele encontrou algumas pessoas que demonstraram compaixão para com ele dando-lhe algumas moedas, enquanto outras foram ríspidas, tratando-o com desprezo.

O rei se surpreendeu com o fato de não se afetar com o modo como era tratado. Quando foi mendigo de verdade, ficava tão feliz quando as pessoas lhe davam moedas e, quando elas o insultavam ou escarneciam dele, ele ficava com uma raiva que não tinha coragem de demonstrar. Agora, quando lhe davam dinheiro, ele não se animava, e quando brigavam com ele, não se sentia perturbado.

Como ele sabia que era na verdade o senhor daquelas terras, a forma como as pessoas o tratavam não fazia nenhuma diferença para ele. Similarmente, os *Mahatmas* (grandes almas) não se afetam com o elogio ou a crítica, porque sabem que são um com Deus.

A Amma é o exemplo perfeito de alguém que alcançou o sucesso supremo. Ela não precisa nem deseja conquistar coisa alguma ou se tornar algo diferente; está sempre satisfeita em seu próprio Ser Superior. É por isso que ela é capaz de dar tanto. Mesmo na tenra idade de três ou quatro anos, na fase em que as crianças só pensam em seus brinquedos e jogos, a Amma já ajudava os necessitados dando-lhes comida e roupas de sua própria casa. Apenas lembre o que fazia quando tinha essa idade. Pelo menos, no meu caso, sei que estava por aí correndo com fraldas sujas e dando trabalho para a minha mãe. Mas ainda pequenina, a Amma já tomava conta dos idosos e dos doentes cujas famílias negligenciavam seus cuidados.

A história da Amma também nos mostra que o ideal da vida humana pode ser alcançado a despeito do que temos ou do que não temos do ponto de vista terreno. Não precisamos nascer em uma família real como Krishna, Rama ou Buda. No caso da Amma, em todos os aspectos, ela começou do nada. Ela nasceu em uma família humilde, em uma vila atrasada e remota. A maioria de nós, ao contrário, é muito mais afortunada do ponto de vista do mundo. Nossas bênçãos materiais podem nos manter satisfeitos por algum tempo (essa é uma das razões porque não temos um desejo ardente pela autorrealização). Entretanto, esse contentamento pode ser perdido a qualquer momento, por que não vem de dentro, da mesma forma que a ausência de sintomas não significa que estejamos livres de doenças. Por outro lado, a satisfação que conseguimos ao realizarmos nosso Eu Verdadeiro nunca se perderá sob nenhuma circunstância.

Mesmo hoje em dia, a Amma não depende dos outros para o seu contentamento e felicidade, porque eles vêm de dentro.

Alguns anos atrás, quando a Amma estava em Nova Déli, foi organizado um encontro com o então presidente da Índia. Estava acontecendo o festival anual do Brahmasthanam, templo local da

Amma. O *darshan* da Amma deveria começar ao meio-dia todos os dias e se estender até tarde da noite, com somente um intervalo de duas a três horas no meio. Apesar dessa agenda ocupada, foi marcado um encontro com o presidente às 9 horas da manhã. Na noite anterior ao encontro, o secretário do presidente telefonou para os organizadores locais e informou que o presidente precisava mudar o encontro para o meio-dia e perguntou se a Amma poderia comparecer naquele horário.

Quando a mudança foi transmitida à Amma, ela disse que seria impossível. Milhares de seus filhos de Nova Déli estavam esperando para receber o seu *darshan*; como ela poderia fazê-los esperar? A pedido da Amma, o encontro foi cancelado.

Quantos de nós recusaríamos um encontro com o presidente de nosso país? Seria uma honra tão grande e uma chance de publicidade e de estabelecer contatos, que ninguém gostaria de perder isso por nada desse mundo. Por meio desse incidente, a Amma demonstrou que não precisa do reconhecimento de ninguém.

Pessoas de todas as origens, consideradas bem-sucedidas em suas respectivas áreas, vêm procurar a Amma em busca de orientação e bênçãos. Apesar de seu suposto sucesso, elas buscam algo mais. O sucesso terreno não lhes deu o que realmente querem: contentamento e paz de espírito. Enquanto tivermos o desejo por algo mais ou alguma outra coisa além daquilo que já temos, não poderemos nos considerar verdadeiramente bem-sucedidos. Somente se realizarmos nosso Verdadeiro Ser, que é onisciente, onipotente e onipresente, nos sentiremos verdadeiramente completos e bem-sucedidos.

Quando uma mãe tem algo precioso em suas mãos, ela certamente deseja dividi-lo com seus filhos; não o manterá consigo. Se tivermos comida em excesso e já tivermos comido até nos satisfazermos, o que faremos com o resto da comida? É claro que daremos para os outros.

É exatamente isso o que a Amma está fazendo. Ela está sempre plena, satisfeita em seu próprio Ser. Tudo o que faz surge dessa plenitude, enquanto que todas as nossas ações emergem do sentimento de que falta algo. A Amma sabe que, na verdade, não nos falta nada. Não precisamos conquistar riqueza, poder e fama para sermos bem-sucedidos. Se pudermos remover a ignorância sobre nosso autêntico Ser, poderemos vivenciar contentamento e satisfação completos, a despeito de nossa situação ou circunstâncias na vida. ❖

Capítulo 2

O que é verdadeiramente real?

Quando olhamos para as ondas do mar, vemos tanta variedade: ondas pequenas, ondas grandes, ondas suaves e ondas furiosas. Por causa de nossa percepção limitada, vemos cada onda como uma entidade distinta. Quando os *Mahatmas* olham para o mar, eles não veem as diferenças entre cada onda ou mesmo a diferença entre as ondas e o mar. Isto se dá porque, em essência, as ondas e o mar são um só, são a mesma água.

Da mesma forma, a Amma diz: "Não existe diferença entre o Criador e a criação. Assim como não existe diferença entre o ouro e os ornamentos feitos de ouro (porque o ouro é o substrato de todos os tipos de joias feitas de ouro), não existe diferença entre o Criador (Deus) e a criação (o mundo). Em essência, são o mesmo e um, pura consciência."

Nossa percepção da realidade é somente relativa. Da nossa perspectiva, podemos dizer que uma comida deliciosa é "simplesmente divina"! Podemos também exclamar: "Este sorvete estava celestial!" Na verdade, não sabemos o que "divino" e "celestial" realmente significam.

Certa vez, um caracol foi espancado por duas tartarugas. A polícia chegou e perguntou ao pobre caracol, que estava coberto de hematomas: "Você viu bem as tartarugas que te surraram?"

Ao que o caracol respondeu: "Como poderia? Tudo aconteceu tão rápido!"

Para nós, uma tartaruga pode parecer se mover muito lentamente, mas da perspectiva do caracol, a tartaruga se move na velocidade da luz. Nossa atual perspectiva é igualmente limitada. Não devemos tomá-la como a verdade absoluta.

Existe uma história de um grande sábio chamado Ashtavakra. Em sânscrito, *ashtavakra* quer dizer "oito curvas". Ele recebeu esse nome porque seu corpo era torto em oito partes. Apesar do corpo deformado, Ashtavakra tornou-se um grande acadêmico ainda bem jovem. Seu pai também era um grande erudito. Um dia, o rei convidou todos os maiores acadêmicos do reino para irem ao seu palácio e debaterem sobre as escrituras. Quem vencesse o debate ganharia 100 vacas com chifres cobertos de ouro e incrustados de pedras preciosas.

O debate começou de manhã e durou o dia todo. Conforme a noite ia chegando, Ashtavakra recebeu a notícia de que seu pai já havia vencido quase todos os competidores, mas agora estava prestes a perder o debate. Quando Ashtavakra, então com 12 anos de idade, ouviu a notícia, correu para a corte para ver se podia ajudar seu pai de alguma forma.

Ashtavakra entrou na corte quando o debate estava atingindo o clímax. A essa altura, a derrota de seu pai parecia quase certa. Quando os eruditos e o rei viram Ashtavakra entrar no salão, todos menos seu pai começaram a rir por causa de seu corpo deformado e pela forma desajeitada que ele andava. Ashtavakra também começou a rir ruidosamente. Todos na corte ficaram surpresos, inclusive o rei, que perguntou: "Meu querido menino, por que estás rindo, quando todos estão caçoando de ti?"

"Estou rindo porque a Verdade está sendo debatida por esse bando de sapateiros", Ashtavakra replicou calmamente.

Sabendo que tinha reunido os eruditos da mais alta reputação do reino, o rei indagou: "O que você quer dizer?"

Ashtavakra explicou: "Ao ver meu corpo deformado, eles riram. Eles não me enxergam. Julgam-me apenas por minha pele. Portanto, só posso supor que se dedicam ao couro e são sapateiros. Meu corpo é deformado, mas eu não. Olhem embaixo da superfície. Meu Ser Verdadeiro é inquebrantável; é reto e puro."

Toda a corte ficou surpresa ao ouvir a resposta de Ashtavakra. O rei sabia que o rapaz estava certo. O debate havia sido uma farsa. Aqueles que debatiam a Verdade não podiam ver a Verdade. Sentiu-se culpado por ter também rido da aparência de Ashtavakra. Ele deu o prêmio para o rapaz e a corte foi suspensa. Naquela noite, o rei ficou acordado ponderando a afirmação de Ashtavakra.

De manhã, a carruagem do rei passou por Ashtavakra na estrada. O rei imediatamente parou e curvou-se aos pés de Ashtavakra pedindo-lhe que o guiasse no caminho da iluminação espiritual. Na noite anterior, o rei havia tratado Ashtavakra como um menino. No dia seguinte, entendendo a sua grandiosidade, dirigiu-se a ele como seu guru[1].

O rei se deu conta de que apesar de sua corte estar cheia de acadêmicos eruditos, estes só podiam ver a realidade relativa. Eles podiam ver apenas o corpo de Ashtavakra, ao passo que o sábio Ashtavakra podia ver em cada um deles o Ser Supremo, a Verdade Absoluta.

O registro do diálogo entre o rei Janaka e Ashtavakra é chamado de Ashtavakra Gita. Nele, o mestre Ashtavakra diz:

---

[1] Recentemente, a palavra "guru" passou a ser usada de forma despretensiosa; pode significar simplesmente um professor que é muito bom em seu campo de atuação. Neste livro, "guru" será usado principalmente de acordo com sua definição tradicional: aquele que está estabelecido em Brâman ou na Verdade Suprema e guia outros para que a vivenciem.

sukhe duḥkhe narē-naryām sampatsu ca vipatsu
caviṣēṣō'naiva dhīrasya sarvatra samadarśinaḥ

Para o sábio que vê tudo como igual,
Não existe distinção entre prazer e dor, homem e mulher,
sucesso e fracasso.

17.15

Quando conhecemos o ouro, podemos reconhecer todos os ornamentos de ouro como diferentes formas do metal. Da mesma forma, se conhecemos nosso Eu Verdadeiro, veremos tudo na criação como formas variadas de nosso Ser. O nosso problema é que estamos tentando entender tudo menos o nosso Ser Verdadeiro.

Mahatmas como a Amma veem o mesmo Atman em todo lugar. Não discriminam entre amigo e inimigo, rico e pobre ou entre aqueles que são gentis ou cruéis com eles.

Recentemente, um homem com uma terrível doença de pele foi receber o darshan da Amma durante um programa em Madras. Sua aparência era tão repulsiva que todos se afastavam dele quando ele passava. Vendo sua condição física, os monitores da fila ficaram com pena e deixaram-no ir direto até a Amma sem ter que esperar na fila. A Amma não ficou nada constrangida com sua aparência. Tomando-o em suas mãos e acarinhando-o como seu filho, perguntou-lhe sobre sua saúde e condições de vida. Em lágrimas, ele respondeu que não tinha para onde ir. Tinha tentado conseguir ajuda de muitas instituições do governo por vários anos, mas sem resultado. Depois de ouvir os problemas do doente, a Amma chamou o brahmacharin (discípulo celibatário) responsável por seu ashram em Madras e pediu-lhe que construíssem uma casa para o homem imediatamente pelo programa de moradia gratuita do ashram. Depois, ela convidou o doente para sentar-se ao seu lado, bem no meio das celebridades locais que tinham ido para o seu darshan. Sentado ao lado da Amma, o homem continuava em prantos, mas eram lágrimas de alegria. Este homem, que tinha sido maltratado e negligenciado por toda a vida, entendeu que, aos olhos da Amma, ele e as celebridades presentes eram iguais.

Um dia, depois que ela tinha dado darshan por muitas horas, eu perguntei-lhe: "Por que a senhora não aparenta cansaço mesmo depois de abraçar milhares de pessoas? Como consegue fazer isso, dia após dia?"

A Amma casualmente respondeu: "Eu não estou fazendo nada." Quando a Amma disse isso, lembrei-me de uma frase de um bhajan (canção devocional) intitulado "Amme Bhagavati", que ela havia escrito há muitos anos atrás. Ele diz:

Tan onnum cheyyadhe sarvam chaithidunna
Dina dayalo thozhunnen ninne

Sem nada fazer, Tu fazes tudo.
Ó personificação da bondade, eu me curvo diante de Ti.

Quando a Amma respondeu minha pergunta, estava falando do nível do Atman. Quando disse "Eu", estava se referindo não ao seu corpo, mas ao Atman, ou Eu Verdadeiro.

Existe um verso interessante no "Bhagavad Gita" que diz:

karmaṇy akarma yaḥ paśyed akarmaṇi ca karma
yaḥ sa buddhimān manuṣyeṣu sa yuktaḥ kṛtsnakarma
kṛt

Aquele que reconhece inação na ação e a ação na inação
é um sábio entre os homens;
é um iogue e um verdadeiro cumpridor de todas as ações.

4.18

31

Embora a Amma seja tão ativa, ela sabe que o seu Verdadeiro Ser não está fazendo nada. Isto é ver a inação na ação. Em nosso caso, mesmo quando estamos sentados quietos, os pensamentos continuam a surgir em nossas mentes. Até para sentarmos quietos, temos que fazer um esforço consciente. Este esforço é ação. Superficialmente, podemos parecer inativos, mas continuamos a agir em níveis diferentes. Isto é ação na inação. Portanto, os *Mahatmas* veem a inação em suas ações e a ação em nossas inações.

No "Tao Te Ching", diz-se sobre o mestre:

As coisas surgem, e ela deixa que venham;
As coisas desaparecem, e deixa que partam.
Tem, mas não possui,
Age, mas não tem expectativa.
Quando seu trabalho está concluído, esquece-o.
Por esse motivo, dura para sempre. ❖

Capítulo 3

Escolhas e consciência

Amma conta essa história: um indiano foi visitar seu filho que estava morando nos Estados Unidos. Ao chegar, sua nora o recebeu com amor e respeito. Ela perguntou ao sogro se aceitava uma xícara de chá. O homem aquiesceu. Antes de ir para a cozinha, ela perguntou: "Qual chá o senhor quer? Temos chá preto, verde, vermelho, camomila, hortelã com limão e chá verde chinês."

"Só uma xícara de chá comum", o indiano respondeu, incerto. Ele nunca havia ouvido falar de todos aqueles tipos de chá. Sua nora saiu para fazer o chá. Alguns momentos depois, ela correu de volta a sala e disse: "Esqueci de perguntar: o senhor quer leite no seu chá?"

"Sim, por favor.", ele respondeu. "Que tipo de leite o senhor prefere? Nós temos leite integral, com dois por cento de gordura, desnatado, leite de soja, leite de arroz e leite em pó."

"Leite comum está ótimo." O sogro estava perdendo a paciência. Ele nunca achou que uma xícara de chá pudesse ser tão complicada. A nora saiu mais uma vez. Mal tinha saído pela porta, deu meia-volta e perguntou: "Oh, eu quase esqueci. O senhor quer açúcar?"

"É claro", disse o sogro.

"Ok. Vou trazer-lhe imediatamente. Mas qual tipo de açúcar o senhor quer? Temos açúcar branco, mascavo, demerara, *Equal*, *Nutrasweet*, e *Sweet 'N Low*[1]".

---

[1] Marcas de adoçantes. N.T.

Com essa última pergunta, o sogro perdeu a paciência. "Oh, Deus! Eu tenho que responder a tantas perguntas só para beber uma xícara de chá? Pelos céus! Eu nem quero mais chá! Você pode, por favor, me dar um copo d'água?" A esposa de seu filho não perdeu o entusiasmo. Ela sorriu e disse: "Ok. Que tipo de água o senhor quer: mineral, com gás, vitaminada ou tônica?" O sogro não aguentou mais. Ele se levantou, passou correndo pela nora em direção à cozinha e bebeu um copo d'água da torneira.

No mundo moderno, nós temos muitas opções até para tomar uma xícara de chá. O mesmo é válido para quase qualquer coisa na vida. Podemos ser médicos, engenheiros, mecânicos, profissionais de informática ou mesmo monges. Podemos comprar uma casa de um quarto, de quatro quartos ou um pequeno apartamento. Podemos comprar um carro esporte, um carro utilitário ou uma motocicleta. Contudo, quando nos encontramos em uma crise ou nos deparamos com o fracasso em nossos empreendimentos, achamos que nossa única opção é sofrer.

Na verdade, mesmo nessas situações, temos uma variedade de escolhas. Quando passamos por uma experiência dolorosa, podemos decidir pensar que removemos parte de nosso *prarabdha*[2] negativo ou que nos é oferecida uma lição valiosa a respeito da natureza do mundo. Também podemos considerar a situação como a vontade de Deus. Qualquer destas atitudes nos ajuda a aceitar as experiências dolorosas com equilíbrio. Entretanto, por causa do condicionamento mental que adquirimos a partir de nossas

---

[2] *Prarabdha* se refere à soma total de experiências que estamos destinados a passar nessa vida em razão do resultado de nossas ações passadas. No Ocidente, *Prarabdha* é comumente conhecido como carma. O significado literal da palavra "karma" em sânscrito é "ação", como em *karma yoga* ou caminho da ação. A fim de evitar a confusão e permanecer fiel ao sânscrito, este livro usará a palavra "prarabdha" onde a palavra "carma" seria mais comumente usada. A palavra "carma" será usada somente de acordo com sua definição literal.

experiências passadas, a maioria de nós não é capaz de pensar positivamente quando se confronta com uma situação difícil. Precisamos superar nossa forma automática e mecânica de pensar e reagir. A mente precisa ser treinada para responder e agir conscientemente. Temos de cultivar a consciência. Ninguém quer sentir-se triste, mas às vezes, todos nós ficamos deprimidos. Ninguém quer ficar zangado, mas todo mundo perde a paciência. Isto significa que existe uma distância entre o que desejamos ser e o que somos. Contudo, ao cultivar a consciência e aprender a agir em vez de reagir, podemos acabar com essa distância.

Em razão da natureza mecânica de nossa mente, frequentemente cometemos erros. Não somos capazes de avaliar apropriadamente nossas próprias palavras e ações ou as palavras e ações dos outros. Se alguém nos elogia, achamos que ele ou ela é uma pessoa legal. Se essa mesma pessoa mais tarde nos critica, nós ficamos chateados ou aborrecidos com ela. No momento em que somos confrontados, não paramos para pensar se realmente é necessário reagir com raiva. Em um momento estamos calmos, mas em outro instante, se alguém chega e grita conosco, imediatamente gritamos de volta. Só depois é que nos arrependemos por termos perdido a calma.

Quando treinamos nossa mente para agir e falar conscientemente, nos damos conta que, mesmo quando a vida falha em nos dar o que queremos, temos outras opções além de reagir movidos pela raiva ou pela frustração.

Por exemplo, se estivermos conscientes do primeiro indício de raiva surgindo dentro de nós, saberemos quando estamos prestes a ficar zangados. Isso nos dá opções: podemos nos afastar da situação perturbadora ou, se permanecermos nela, decidir quanto de aborrecimento iremos demonstrar. Em tais situações, devemos nos lembrar do ditado, "se você voa de raiva, deve estar preparado para uma aterrissagem difícil".

Quando olhamos para a vida da Amma, vemos que, em circunstâncias nas quais a maioria de nós perderia toda a esperança, a consciência dela lhe deu a habilidade de agir de forma diferente. Quando seus pais negaram-lhe amor, em vez de sentir pena de si mesma, ela pensou: "Por que eu deveria procurar receber amor? Em vez disso, deixe-me dar amor aos outros." Quando seus parentes e vizinhos a maltratavam e a criticavam, em vez de se incomodar pelo modo como era tratada, a Amma concentrava sua mente em Deus.

A espiritualidade é a técnica para aumentar nosso nível de consciência. Meditar, cantar, tentar seguir os princípios espirituais em nossa vida diária – tudo isso nos ajuda a desenvolver a consciência. Se pudermos cultivar mais consciência, poderemos superar os obstáculos que nos impedem de realizar nosso Verdadeiro Ser. ❖

Capítulo 4

Dedicação ao dharma

U m conceito importante da espiritualidade oriental é o *dharma*. A palavra *dharma* tem um significado profundo e abrangente. Resumidamente, significa retidão e dever. Também significa executar a ação correta, no lugar certo, na hora certa.

A fim de seguir o *dharma* em nossas vidas, precisamos de um entendimento completo da natureza da vida e das pessoas. Em uma situação desafiadora ou uma crise, muitas pessoas se esquecem do *dharma* ou comprometem seus valores. Embora muitas dessas situações tenham surgido na vida da Amma, podemos ver que ela nunca se desviou nem mesmo um centímetro do caminho do *dharma*.

Eu me lembro de algo que aconteceu recentemente que mostra a dedicação da Amma ao *dharma*. Em março de 2002, quando aconteceram revoltas em Gujarat, a Amma estava em Mumbai. Ela deveria partir para Bhuj, uma região afetada por um terremoto, no oeste de Gujarat, onde ela iria inaugurar três vilas que o *ashram* havia construído. Mas, para chegar lá, ela teria que atravessar áreas onde a violência havia irrompido. Embora soubessem que era um evento importante, muitas pessoas tentaram dissuadir a Amma de ir. Muitos membros do grupo foram até a Amma, um após outro, e imploraram para que ela não fosse, alguns sentindo medo por si mesmos e outros por preocupação com ela. Eles diziam que, se viajassem de trem ou de ônibus, ela e o grupo estariam correndo risco. Como a Amma era convidada do governo, funcionários do departamento de inteligência governamental passavam informações atualizadas a respeito dos riscos de segurança. Eles também desencorajaram a Amma de fazer tal viagem. Também foi dito à Amma que o governador e os membros do gabinete que eram esperados para a cerimônia talvez não comparecessem pela mesma razão.

Finalmente, a Amma pôs um fim em todos esses pedidos e súplicas, dizendo: "Eu decidi ir, aconteça o que acontecer. Aqueles que temem por suas vidas não precisam ir." Depois dessa declaração, até mesmo pessoas que não tinham planejado viajar decidiram acompanhá-la.

O programa foi um sucesso tremendo e não houve incidentes de violência. Mais tarde, a Amma comentou que os milhares de beneficiados pelo projeto de habitação tinham ficado esperando ansiosamente por muito tempo para encontrar a Amma. Como tinham perdido tudo, não tinham dinheiro para ir ver a Amma em nenhum outro lugar. Eles também queriam muito que a Amma abençoasse suas casas antes de se mudarem. Estes foram os fatores que a deixaram tão determinada em visitá-los.

A Amma sempre diz que a vida humana é obtida pelo mérito resultante das boas ações que executarmos em vidas pregressas. É claro que não podemos escolher onde ou quando iremos nascer, se vamos ser bonitos ou feios, baixos ou altos, ou quem serão nossos pais. Contudo, podemos escolher ser bons. Mesmo sendo gentis e generosos com os outros, pode acontecer de termos uma resposta negativa, mas isto não deve nos impedir de fazer o bem no mundo. Cabe a nós assegurar que esta benção que Deus nos deu não se torne uma maldição para nós e para o mundo. Para tanto, precisamos fazer bom uso de nossas vidas.

Todos nós temos muitas responsabilidades, cargas e compromissos na vida. Precisamos de uma força espiritual e emocional tremenda para viver uma vida com retidão. Em muitas situações, podemos ficar tentados a desistir do *dharma* e comprometer nossos valores. Em um determinado momento, uma ação *"adhármica"* (incorreta) pode parecer conveniente, mas, no final, certamente levará a consequências desagradáveis para nós e para os outros.

Por outro lado, viver com valores e de acordo com o *dharma* cria uma base sólida para uma vida rica e recompensadora. Isso beneficia não só o mundo, mas também nos torna prontos para receber a graça de Deus, que é o fator mais importante para se obter sucesso, tanto material quanto espiritual. ❖

Capítulo 5

Ação iluminada

Em nossas vidas, algumas vezes fazemos a coisa certa e, noutras, a coisa errada. Quando fazemos uma ação correta, obviamente ficamos orgulhosos e assumimos os créditos por nossas ações acertadas. Quando fazemos algo errado, tendemos a colocar a culpa nos outros. Quando interagimos com outras pessoas, tomamos uma decisão ou perpetramos qualquer tipo de ato, normalmente levamos em consideração apenas os fatos e informações superficiais que estão disponíveis para nós. Portanto, mesmo que façamos aquilo que pareça certo num determinado momento, talvez, no final das contas, não sirva ao bem supremo.

Existe, contudo, outro tipo de ação que está além do bem e do mal, e essa ação sempre leva ao bem supremo. Esse tipo de ato é chamado de ação iluminada, pois somente uma alma iluminada é capaz dessas ações. Quando um *satguru* interage com as pessoas, ele ou ela conhece suas mais sutis *vasanas* (tendências), *prarabdha* e outras características, ao passo que nós só podemos perceber as ações físicas de uma pessoa. Não podemos nem ter certeza do que a pessoa está pensando ou sentindo. Um *satguru* é completamente cônscio do passado, presente e futuro de quem quer que encontre. Essa consciência permite ao mestre agir de uma forma que sempre levará ao melhor resultado possível para aquela pessoa.

Eu me lembro de um incidente que aconteceu no *ashram* muitos anos atrás. Um dia, um bêbado adentrou o *ashram* e começou a discutir com os *brahmacharins* por nenhuma razão.

Quando tentamos acalmá-lo e escoltá-lo para fora, ele começou a nos xingar. Apesar de nosso empenho, o homem não se acalmou, ficando ainda mais rebelde. Então resolvemos entregá-lo à polícia. Antes de tomar essa decisão, fomos contar à Amma sobre a situação. Depois de ouvir nossas explicações, a Amma caminhou até onde ele estava.

A essa altura, o homem havia vomitado várias vezes e estava apenas semiconsciente. Um cheiro pútrido de vômito e álcool exalava dele. Olhando para ele com compaixão, Amma o chamou amorosamente: "Oh, meu filho, o que aconteceu? Você está bem?" O homem olhou para ela com um olhar vazio e resmungou algumas palavras, pois não estava em condições de responder.

Alguns dos presentes se perguntavam por que a Amma estava desperdiçando seu tempo precioso com aquele bêbado, achando que merecia apenas uma boa reprimenda. Uma pessoa chegou até a dizer: "Por favor, Amma, vá para o seu quarto. Tomaremos conta desse homem."

A Amma não prestou atenção. Ela lavou o rosto do bêbado com água e limpou todo o vômito de suas roupas, apesar da resistência dele. Ela pegou uma mangueira que estava ali perto e despejou água sobre sua cabeça a fim de trazê-lo de volta à sobriedade. Depois, ela o levou para um quarto próximo e o deitou em um tapete.

No dia seguinte, o homem estava melhor e seu humor havia mudado muito. Quando se deu conta que a Amma havia cuidado dele tão carinhosamente, ficou profundamente tocado por sua compaixão e derramou profusas lágrimas de arrependimento. Ao anoitecer, ele foi para casa. Algumas semanas depois, ele retornou com sua mulher. Durante o *darshan*, a esposa disse entre lágrimas à Amma: "A senhora o mudou completamente. Meus filhos e eu estávamos à beira de cometer suicídio por causa do comportamento dele. O álcool nos endividou, e ele chegava bêbado em casa todos os dias e nos batia. Agora, parou de beber completamente e já até conseguiu um bom emprego. Pela sua graça, não só meu marido, mas toda a família foi salva!"

Se os *brahmacharins* tivessem entregado o homem à polícia, o que parecia a coisa certa a fazer naquele momento, ele não só iria parar na cadeia e sofreria ainda mais, como sua família seria a maior prejudicada. Talvez até desistissem da vida. Portanto, a ação "correta" do nosso ponto de vista poderia simplesmente ter levado à morte de várias pessoas.

Algumas vezes, as nossas ditas ações "corretas" podem ser comparadas ao macaco que tirou o peixe para fora do aquário a fim de salvá-lo do afogamento. Da mesma forma, somos capazes de ver as coisas somente de nosso próprio nível de entendimento, interpretando mal o bem supremo.

Por outro lado, a Amma, com sua profunda intuição, percebeu a melhor solução para a situação com o homem bêbado. Ela não considerou somente a situação em particular, mas o futuro dele e de sua família e o encadear de consequências que poderiam surgir a partir da ação que os *brahmacharins* pretendiam tomar. Uma ação iluminada pode até parecer errada em dado momento, mas mais tarde iremos entender que era a ação perfeita para aquela situação.

Quando a Amma estava em Bonn, Alemanha, por volta de cinco anos atrás, um devoto na fila de perguntas me encaminhou uma pergunta que queria fazer à Amma. O bilhete explicava que ele estava passando por muitas dificuldades financeiras, inclusive dívidas, e que até tinha perdido o emprego. Ele buscava a ajuda da Amma para resolver estes problemas para que pudesse sustentar sua mulher e dois filhos pequenos. Seu segundo pedido era para que tivesse uma filha.

"Que tolo", pensei. "Como ele poderia tomar conta de outra criança quando já tem dois filhos e uma esposa que não consegue nem alimentar apropriadamente? É óbvio que ele não deveria ter outro filho. Qual a utilidade de traduzir essa carta para a Amma? Nós não precisamos de um líder espiritual como a Amma para mostrar a tolice dele. Não posso fazer isso!" Pensando desta forma, comecei a passar para ele a minha visão da situação.

Enquanto fazia isso, senti alguém batendo no meu ombro. As pessoas costumam tentar chamar nossa atenção enquanto estamos traduzindo para a Amma. Eu ignorei esse chamado de atenção, pois não havia terminado de iluminar este homem. Então, os tapinhas se tornaram mais fortes e mais rápidos. Eu pensei: "Quem poderia ter tanta audácia de interromper um *swami* sênior?" Quando me virei, percebi, para o meu mais profundo embaraço, que era a Amma!

Ela perguntou: "Qual é o problema?"

"Oh, nada, Amma. Eu estava só respondendo a pergunta dele."

"Para quem ele fez a pergunta?", Amma questionou.

"Bem, a pergunta era para a Amma, mas... é..."

"Mas o quê? Por que você está respondendo?"

Eu comecei a buscar uma resposta. "Bem, a senhora sabe, eu, é, eu só queria, é, a senhora sabe... oh, nenhuma razão em especial, Amma. Era uma pergunta boba de qualquer forma."

Eu não acho que a minha resposta convenceu muito a Amma. Ela me pediu que lesse a pergunta para ela, e então, sem nenhuma hesitação, deu a resposta: "Diga-lhe que a Amma vai fazer um *sankalpa* (resolução divina) para que ele tenha uma menina." Muito embora eu tivesse minhas próprias dúvidas e reservas a respeito disso ser a coisa mais acertada a ser dita para ele, traduzi a resposta da Amma, para não perder minha função de tradutor. Ele ficou feliz, mas eu fiquei infeliz. Uma dúvida passeava pela minha mente em relação à resposta que a Amma tinha dado, por isso eu a indaguei sobre isso mais tarde. A Amma disse: "A tristeza no coração daquele homem por não ter uma menina é maior do que a tristeza e a dor que sente por causa de suas dificuldades financeiras. Se ele não tiver uma filha, ficará deprimido e poderá até tirar a própria vida."

Nos dois anos seguintes, o programa da Amma em Bonn aconteceu em um endereço diferente, e esse homem não compareceu. No terceiro ano, no entanto, nós retornamos ao antigo salão, e o homem apareceu, dessa vez com uma menina nos braços. Ele parecia extremamente feliz e, quando chegou para o *darshan*, ele explicou que a resposta confortadora e amorosa da Amma havia dado um novo impulso em sua vida. Ele saiu do casulo de sua dor com a mente clara e encontrou um bom emprego que o ajudou a pagar a maior parte da dívida. O nascimento de sua linda filha só acrescentou à sua felicidade.

A Amma sabia que o maior obstáculo na vida daquele devoto era seu desejo profundo de ter uma filha e, uma vez que isso aconteceu, todos os outros problemas se resolveram em seu devido tempo. Ao avaliar somente os fatos gerais, qualquer um provavelmente chegaria à mesma conclusão que eu a respeito do quão sábio seria ter outra criança. A Amma, por outro lado, pôde ver as camadas mais profundas na mente dele e deu uma resposta em prol do bem maior.

Sempre que a Amma faz declarações a respeito do futuro, elas invariavelmente tornam-se verdade, não importando o quão improváveis sejam naquele momento. Algumas semanas depois que eu encontrei a Amma, fui vê-la na casa de um devoto junto com um dos meus amigos. Nós chegamos à casa um pouco tarde, e a Amma já tinha feito o *puja* (adoração). Quando entramos, vimos os devotos comendo em volta da Amma. Meu amigo ficou um pouco afastado e não quis chegar perto da Amma. Ele achou que a Amma deveria ter esperado ele chegar para começar a comer, pois ele havia avisado que iria. A Amma chamou-o duas ou três vezes para que recebesse seu *prasad*[1], mas ainda assim ele se recusou. Amma, então, disse a ele: "Filho, você não terá essas oportunidades com a Amma por muito tempo mais. Em poucos anos, pessoas de todas as partes do mundo começarão a vir ver a Amma e tais oportunidades serão raras." Quando meu amigo finalmente concordou em chegar mais perto dela, ele viu que, enquanto todos os outros devotos tinham começado a comer, a Amma não havia ainda tocado na sua comida. Na verdade, ela tinha separado pratos para cada um de nós. Quando meu amigo viu isso, arrependeu-se de seu erro e pediu perdão à Amma. Alguns anos mais tarde, ele percebeu que as palavras da Amma tinham se tornado verdade.

As escrituras dizem que existe um poder nas palavras e atos de um mestre espiritual que está muito além de nossa compreensão intelectual. Portanto, qualquer julgamento que façamos a respeito deles e de suas ações estará fadado ao erro.

A seguinte história ilustra esse assunto: existiam dois elefantes cegos que não conseguiam concordar sobre qual era a aparência dos seres humanos. Então, resolveram descobrir como eles se pareciam tocando um deles com a pata. O primeiro elefante sentiu um humano com sua pata e disse: "Os seres humanos são achatados." O outro elefante depois de "tocar" o ser humano da mesma forma, concordou e o problema foi resolvido. Da mesma forma que os elefantes não têm a sutileza necessária para entender os humanos com suas patas, nossas mentes não são sutis o suficiente para compreender as ações de um mestre.

Todas as ações de um verdadeiro mestre são iluminadas, da mesma forma que qualquer objeto feito de madeira de sândalo carregará a fragrância da árvore de sândalo. Isto se dá porque os mestres estão estabelecidos no Conhecimento Supremo. Assim

---

[1] Qualquer item que o guru tenha abençoado é considerado *prasad*. Também tudo o que é oferecido ao guru ou a Deus é santificado e, portanto, se torna *prasad*.

sendo, qualquer coisa que façam será para o melhor. Muito embora não os entendamos, devemos permanecer abertos aos seus conselhos e orientações.

No "Bhagavad Gita", o Senhor Krishna descreve o Conhecimento Supremo como a coisa mais valiosa a ser conseguida por um ser humano:

rāja-vidyā rāja-guhyaṁ pavitram idam uttamam
pratyakṣāvagamaṁ dharmyaṁ su-sukhaṁ kartum
avyayam

Esse é o maior de todos os conhecimentos, o rei
dos segredos. Supremamente purificador, pode ser
experimentado diretamente e produz resultados eternos.
É também muito fácil de praticar e está de acordo com o
dharma.

9.2

Uma pessoa com o Conhecimento Supremo está sempre identificada com a Verdade, ou Brâman. Ele ou ela não sofre, sob nenhuma circunstância, qualquer crise de identidade ou é influenciado por emoções e apegos. A Amma é completamente identificada com a Verdade Suprema, a fonte inexaurível de energia e bem-aventurança. Por isso ela pode sentar por muitas horas e ainda assim permanecer com todo seu frescor, manifestando tanta energia. Embora as pessoas de todo o mundo a procurem com os mesmos problemas há 30 anos, ela nunca fica aborrecida em ouvir, confortar, aconselhar e consolar.

A Suprema Verdade é muito preciosa e é igualmente precioso estar com alguém que é a personificação dessa Verdade. Que nós sejamos conscientes e gratos pela oportunidade abençoada de estarmos na presença de um grande mestre como a Amma. ❖

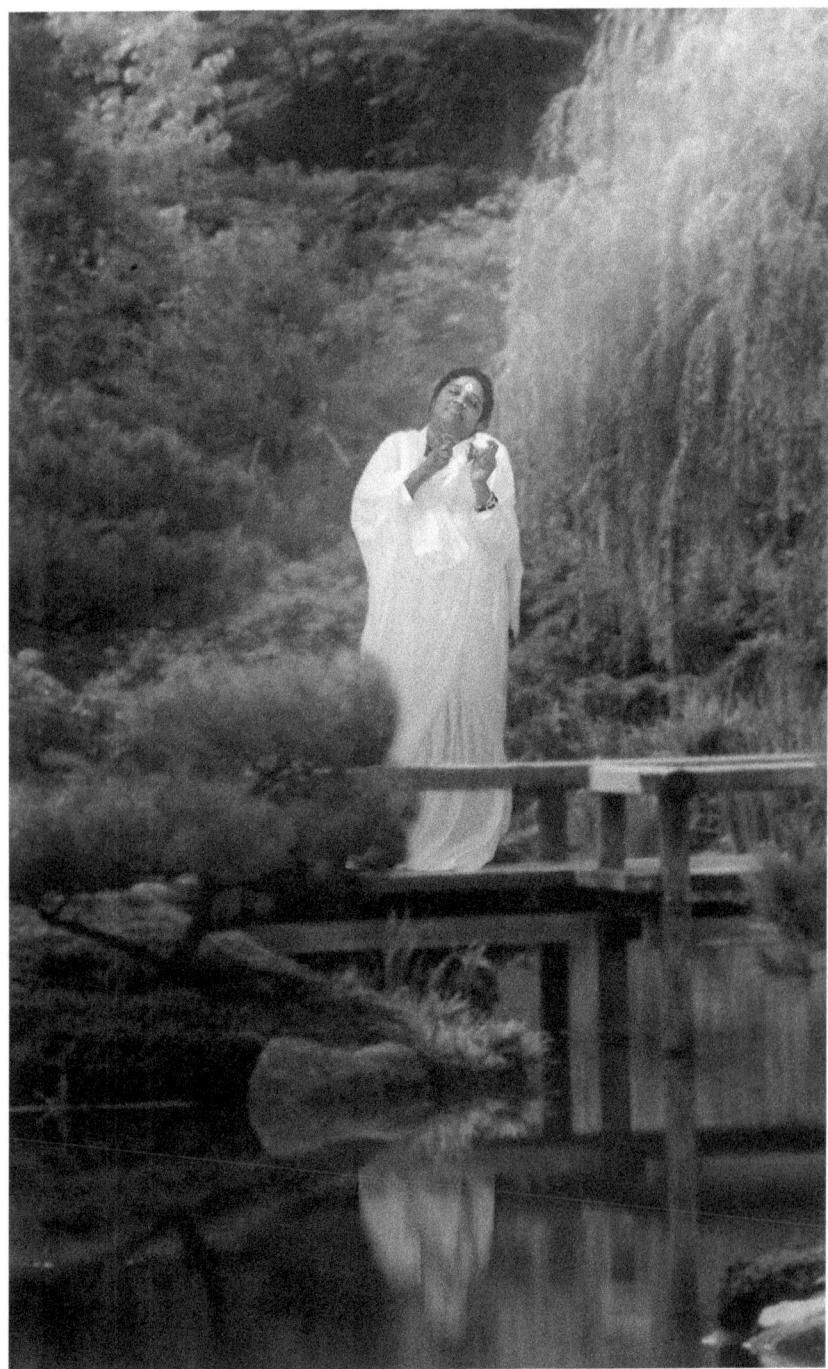

Capítulo 6

A grandiosidade da humildade

Amma diz: "Por mais poderoso que um ciclone seja, não pode fazer nada a um tufo de grama; por outro lado, as árvores que se erguem soberanas serão arrancadas pela raiz." Ela também diz: "Se carregamos o peso de nosso ego, o vento da graça de Deus não poderá nos elevar."

Certamente entendemos que a humildade é muito importante. Se tivermos a atitude de humildade, a graça divina brotará dentro de nós. Mas a humildade é uma qualidade muito rara na sociedade moderna. Quando fazemos algo grandioso, quantos dias passamos falando sobre isso com nossos amigos? A primeira coisa sobre a qual falamos é de nossa própria grandiosidade. Algumas pessoas até se gabam de como são humildes.

Se quisermos saber como é a verdadeira humildade, basta olharmos para a Amma. Apesar de ter conseguido tanta coisa e de ser adorada por milhões de pessoas, ela nunca diz: "Eu sou o máximo." Em vez disso, por causa de sua humildade, ela nos diz: "Eu nada sei. Sou apenas uma garota maluca." Ela nunca se vangloria de sua grandeza. Isso é verdadeira grandeza.

Vocês sabem, a Amma consagrou pessoalmente 18 templos na Índia e no exterior. Sempre que ela consagra um novo templo, grandes multidões de devotos se reúnem para testemunhar a ocasião sagrada. Como parte da cerimônia de consagração, a Amma inaugura a imagem de quatro faces que é o coração do templo. Na consagração do primeiro templo Brahmasthanam, momentos antes de inaugurar a imagem da deidade, a Amma passou por cada uma das quatro entradas do templo. Com as mãos em prece, ela pediu as bênçãos de todos os devotos presentes. Diante dessa cena, muitos de nós começamos a chorar. Lá estava alguém que já havia abençoado milhões de pessoas e ainda assim era tão humilde a ponto de pedir nossas bênçãos. É claro que ela não precisava de nossas bênçãos. Ela as pedia apenas para nos lembrar da importância da humildade.

No Tao Te Ching, se diz,

> *O Mestre está acima do povo,*
> *E ninguém se sente oprimido.*
> *Ela vai à frente do povo,*
> *E ninguém se sente manipulado.*
> *O mundo todo se sente agradecido.*
> *Como não compete com ninguém,*
> *Ninguém pode competir com ele.*

Ao discursar no *Amritavarsham50*, a comemoração do aniversário de 50 anos da Amma, a Sra. Yolanda King, filha de Martin Luther King Jr. (e defensora da paz), disse: "O que eu mais gosto na Amma é que ela não apenas fala coisas bonitas... ela faz o que diz." Como a Sra. Yolanda King tão eloquentemente destacou, a Amma sempre pratica o que ensina.

Na turnê da Amma pelo norte da Índia em 2004, o programa em Durgapur, que só durava uma noite, terminou às 6h30 da manhã. Às 10h, todos já tinham tomado banho e descansado e estavam esperando perto dos ônibus que a Amma saísse de seu quarto para que pudessem seguir a turnê até a última parada, em Calcutá. Vários *brahmacharins* estavam de pé perto do carro da Amma. Como eles geralmente ficam muitos ocupados durante o programa para se aproximarem da Amma, aquela era uma das poucas oportunidades para vê-la. Enquanto eles esperavam, um jovem aproximou-se de um dos *brahmacharins* e começou a fazer perguntas a respeito da Amma. Ele não tinha ido para o *darshan* da Amma no dia anterior porque se assustara com o tamanho da fila. Ele estava justamente perguntando o que tornava a Amma tão especial - por que tantas pessoas queriam vê-la e receber suas bênçãos - quando a Amma saiu do quarto. O rapaz correu até a Amma, e ela o abraçou e beijou. Ela deu o *darshan* para alguns outros devotos que esperavam por perto e depois entrou no carro que a aguardava.

Entretanto, ela não foi longe. O carro andou somente algumas centenas de metros até o local onde fora servido um jantar gratuito na noite anterior para mais de 15 mil pessoas. O programa tinha acontecido em uma das escolas primárias da Amma, chamadas Amrita Vidyalayam, no extenso pátio aberto onde as crianças brincam e praticam esportes. Em geral, o pátio era muito organizado, mas nessa ocasião estava uma bagunça total. Folhas de teca costuradas (que tinham servido de prato), cobertas com restos de comida, estavam espalhadas por toda parte. As latas de lixo estavam lotadas e transbordando. Ao lado, um enorme saco cheio de batatas estragadas tinha sido abandonado.

O carro da Amma estacionou na área de alimentação. Ela saiu do automóvel e, vestindo em um sári branquinho, começou a arrumar a bagunça. Todos os *brahmacharins* e devotos presentes correram até o local e tentaram dissuadir a Amma. Afinal de contas, ela havia trabalhado mais que todo mundo na noite anterior e ainda tinha um programa agendado para a manhã seguinte. Eles sabiam que, no caminho para Calcutá, ela teria que parar e passar algum tempo com os devotos que estavam acompanhando a turnê e que naquela noite ela teria que receber os organizadores do evento e as pessoas importantes da região. Por que limpar essa bagunça também?

Bem na frente do grupo que protestava estavam os devotos que tinham sido responsáveis pelo serviço de alimentação na noite anterior e o jovem rapaz que acabara de encontrar a Amma pela primeira vez. O devoto responsável pelo serviço implorou o perdão dela dizendo: "Amma, por favor, não faça isso. Eu sei que devia ter limpado essa área ontem à noite. Amma, por favor, continue sua viagem e permita-me limpar o local."

"A Amma não está colocando nenhuma culpa em você", ela o assegurou. "Quando a Amma for embora, todos estes *brahmacharins* e devotos também irão. Enquanto a Amma estiver aqui, você terá um exército de ajudantes para limpar a área. É por isso que a Amma decidiu ficar e ajudar a limpar. Assim, o trabalho será terminado rapidamente."

A Amma se dirigiu ao saco de batatas podres, dizendo: "Que pena que se permitiu que tanta comida apodrecesse enquanto existem tantos que não podem comprar um punhado de comida para aliviar sua fome". Depois, ela pediu que um carrinho de mão fosse trazido e disse: "Nenhum de vocês deve tocar nestas batatas. Estão tão podres que poderão pegar uma infecção séria. Para mexer nessas coisas, deve-se usar luvas protetoras." Mas quando o carrinho foi trazido, a Amma transferiu as batatas podres com suas próprias mãos, para o espanto de todos os presentes.

O jovem que acabara de conhecê-la estava ao seu lado e tentou impedi-la de fazer o trabalho. Ele protestou: "Amma, a senhora é a guru e não deveria fazer estas coisas. Por favor, deixe-me fazê-lo em seu lugar."

Amma insistiu firmemente que somente ela mexeria nas batatas podres. Enquanto isso, todos os *swamis, brahmacharins* e devotos estavam andando de lá para cá pela área, recolhendo as folhas e restos de comida. A Amma começou a arrumar mais espaço nas latas de lixo selecionando e recolhendo todos os plásticos. Misturadas com o lixo orgânico, havia muitas embalagens plásticas de leite vazias. Ela as empilhou, dizendo que poderiam ser lavadas e vendidas, e o dinheiro usado para alimentar os pobres. A essa altura, o seu lindo sári branco estava imundo com sujeira verde e marrom e fedendo a batatas podres. Mesmo assim, ela estava sorridente e radiante como sempre.

Em 20 minutos, o pátio, que antes estava um desastre, ficou quase reluzente. Finalmente, a Amma voltou para o carro e instruiu a todos, exceto os *brahmacharins*, para que entrassem nos ônibus e se preparassem para sair. Ela disse aos *brahmacharins* que ficassem e se assegurassem de que o lixo fosse jogado fora e que o chão fosse limpo.

Depois que a Amma saiu, o jovem que acabara de receber o *darshan* da Amma pela primeira vez comentou: "Eu esperava um guru sentado em uma poltrona dourada dando conselhos. Nunca, nem em meus sonhos mais loucos, poderia imaginar a Amma limpando comida podre. Existem tantas pessoas vivendo em favelas em Calcutá e no estado todo (Bengala Ocidental). Se as pessoas seguissem o exemplo da Amma de trabalhar para os outros em vez de tentar conseguir que os outros trabalhassem para elas, acho que não haveria pobreza alguma no país. Eu já vi tantos políticos fazendo promessas vãs. Agora encontrei alguém que realmente age de forma significativa". Aparentemente, a pergunta do jovem rapaz – "O que faz da Amma alguém tão especial?" – fora respondida.

O rapaz aguardava um guru. O que encontrou foi um *satguru*. Um Verdadeiro Mestre sempre ensina pelo exemplo. A Amma diz que devemos estar prontos para fazer qualquer trabalho a qualquer momento. Se a Amma não colocasse esse ensinamento em prática, talvez fosse difícil seguir essa orientação. Mas ao ver a Amma tomando a frente para executar os trabalhos mais desagradáveis nas situações mais difíceis, muitos devotos são capazes de superar seus próprios gostos e aversões e fazer o que for necessário para servir os necessitados.

No ano anterior, na turnê da Amma pelo norte da Índia em 2003, ela foi visitar seu novo *ashram* em Bangalore imediatamente depois de terminar um programa em Mysore. Quando um devoto idoso se aproximou da Amma para realizar um *pada puja* (lavagem cerimonial dos pés, como demonstração de amor e respeito), ela disse: "Filho, a Amma nem tomou banho. A Amma deixou Mysore imediatamente depois de dar o *darshan*. Por isso, não é apropriado fazer o *pada puja* agora". Contudo, ao notar o desapontamento em seu rosto, ela cedeu. "O amor quebra todas as barreiras", disse. O devoto, então, lavou os pés da Amma com lágrimas escorrendo pela face.

Depois do *pada puja*, a Amma começou a subir as escadas que levavam ao seu quarto. De repente, ela parou e sua expressão mudou quando viu a varanda. O chão de mármore estava brilhando, talvez por causa de uma recente aplicação de cera. "Quem construiu isso?", perguntou. O *brahmacharin* encarregado da construção do *ashram* de Bangalore correu e prostrou-se diante da Amma.

"Eu não preciso da prostração de ninguém", disse a Amma com voz séria.

"Amma, os devotos em Bangalore construíram isso como uma demonstração de seu amor pela senhora", o *brahmacharin* respondeu com uma voz tímida.

A Amma logo retrucou: "Suponha que eles construam uma mansão dourada como símbolo de seu amor. Você vai assistir a isso quieto? A Amma sabe que seus filhos não são separados dela. Embora tenham construído este quarto com o dinheiro deles, a Amma se sente mal por terem gasto tanto dinheiro com ela." Ela continuou: "Eu nasci de humildes pais pescadores e vivi uma vida simples na infância. Mais tarde, quando me botaram para fora de casa, fiquei ao relento. Meditei debaixo do sol escaldante e das chuvas da tempestade. Não estou acostumada ao luxo e não o quero. Não é apropriado que eu viva em um quarto luxuoso quando advogo a simplicidade. E ainda mais, passo apenas três dias por ano aqui. Não é correto gastar uma soma tão grande para um *ashram*." Suas palavras foram tão cortantes quanto uma espada.

O *brahmacharin* tentou explicar para a Amma que o chão não tinha sido tão caro quanto parecia, mas a Amma não levou suas palavras em consideração, dizendo que preferia dormir do lado de fora do que naquele quarto. Naquela altura, Swami Amritaswarupananda disse: "Se a Amma não quer ficar no quarto novo, poderá ficar no antigo, que tem o chão de cimento." A Amma cedeu e foi para o antigo quarto que a hospedara no ano anterior.

Os devotos que nunca tinham visto a Amma daquele jeito antes ficaram surpresos. Alguns se sentiram culpados, pois tinham tido participado na construção do quarto. Outros ficaram bastante tristes. E ainda outros estavam em prantos. Contudo, todos estavam maravilhados com a integridade e humildade da Amma.

"Por que a Amma rejeitou um gesto de amor?", eles se perguntavam. "É errado oferecer o nosso melhor ao nosso guru? Afinal de contas, ela merece nada menos do que o melhor. Por que a Amma não podia aceitar o quarto? Milhões de pessoas a reverenciam como *satguru* e Divina Mãe. Quem questionaria o seu direito de dormir naquele quarto?"

No "Bhagavad Gita", o Senhor Krishna diz:

yad yad ācarati śreṣṭhas tat tad evetaro janaḥ
sa yat pramāṇam kurute lokas tad anuvartate

Aquilo que uma pessoa nobre faz, as outras imitam.
O que ela estabelece como exemplo, o mundo segue.

3.21

As ações da Amma são tão carismáticas que nós começamos a imitá-las sem nos darmos conta. Muitos de nós nos prostramos antes de nos sentarmos no chão ou levamos o livro à testa antes de lê-lo. Muitos dos filhos da Amma cumprimentam-se com "Om Namah Shivaya". Não foi da Amma que pegamos esses hábitos? Tudo a respeito dela é tão bonito que queremos fazer igual. Se ela levasse uma vida de luxo, nós iríamos querer o mesmo.

Naquela noite, a Amma foi visitar uma família de devotos em sua casa. Quando retornou, centenas de pessoas se aglomeraram em volta de seu carro. Começaram a implorar a Amma para que ficasse no quarto novo. Uma disse: "Amma, por favor, perdoe-nos e fique no quarto novo!" Outra disse: "Amma, fizemos isso por causa de nossa ignorância. Não repetiremos esse erro de novo. Mas, por favor, fique no quarto." Algumas mulheres começaram a chorar.

A Amma estava irredutível. Um devoto tentou usar de lógica para convencê-la a entrar no quarto. Ele disse: "Todo o dinheiro usado na construção do quarto será desperdiçado se a Amma não usá-lo. Ninguém o usará no futuro."

"Aluguem-no!", Amma exclamou. "Usem o dinheiro do aluguel para ajudar os pobres. A Amma já encontrou muitas pessoas com problemas renais que não têm como pagar por um transplante de rins. Tais pessoas precisam de hemodiálise constante, o que custa milhares de rúpias. Um transplante de rins custa no mínimo 100 mil rúpias. Mesmo que pudessem pagar pela operação, elas precisariam pagar pelo tratamento pós-operatório e pela medicação. Como os pobres que não podem nem saciar sua fome poderão pagar por um tratamento tão caro? Uma pessoa com uma expectativa de vida de 80 anos pode morrer aos 40 por não poder um atendimento médico. Não seremos todos nós então responsáveis pela morte prematura dessa pessoa? O dinheiro gasto em luxos pode ser usado para salvar muitas vidas como essa."

Os devotos aceitaram a derrota. Depois disso, a Amma começou a andar na direção do antigo quarto. Antes de entrar, ela se voltou para ver os rostos dos devotos. De repente, houve uma mudança em sua expressão. Ela denotava amor e compaixão. Em uma voz suave disse: "Sim" e começou a ir em direção ao quarto novo. A tensão no ambiente se dissipou, dando lugar ao alívio e a alegria. Os devotos expressaram em voz alta a sua gratidão a Amma.

A Amma fez tudo o que pôde para mostrar aos presentes que o dinheiro não tinha sido gasto corretamente. No final, ela expressou sua grandiosa compaixão para com seus filhos. Ela sabia que desejavam de coração que ela ficasse naquele quarto e não queria que eles ficassem tristes. Mesmo enquanto ensinava humildade, ela estava dando o exemplo mais sublime: que acima de tudo, nossas ações sejam guiadas pelo amor. ❖

Parte 2

O caminho para o supremo sucesso

Siga então os iluminados
Os sábios, os despertos, os amorosos,
Pois eles sabem como trabalhar e pacientar.
Siga-os
Como a lua segue o caminho das estrelas.

Dhammapada (Escritura Budista)

Capítulo 7

O corpo, a mente e o intelecto: um guia para o usuário

Todos nós usamos diferentes instrumentos e máquinas em nosso dia a dia para cumprir nossas tarefas e atender nossas necessidades diárias. Entretanto, se não soubermos usar estes instrumentos apropriadamente, em vez de tirarmos proveito deles, poderemos até nos machucar. Se quisermos tirar o máximo de benefício, os instrumentos que usamos precisam estar sob nosso controle e deverão obedecer nossos comandos.

Suponha que estejamos dirigindo um carro e que queiramos virar para a esquerda, mas o carro diga: "Não, só vou virar para a direita", então teremos problemas. Todos conhecem histórias de ficção científica nas quais a máquina domina os seres humanos. Não queremos que isso aconteça, pois nossas vidas se tornariam um pesadelo. Infelizmente, uma situação similar já está acontecendo.

Nosso corpo, mente e intelecto são os instrumentos que nos foram dados para tornar nossa jornada da vida mais confortável. Entretanto, frequentemente descobrimos que não somos capazes de usar estes instrumentos do jeito que queríamos. Em vez disso, são eles que nos usam. Se, algumas vezes, achamos que nossa vida está indo mal, o problema talvez esteja nos instrumentos que usamos.

No Ocidente, as pessoas comumente pensam que a mente e o intelecto são a mesma coisa. De acordo com o vedanta[1], existem quatro instrumentos internos ou, mais precisamente, quatro funções executadas por um único instrumento. Estas são *manas* (mente), *buddhi* (intelecto), *chitta* (memória) e *ahamkara* (ego). *Manas* é a morada das emoções. É na mente que nos sentimos tristes, zangados, felizes ou em paz. É também a faculdade de duvidar. *Buddhi* é a faculdade de tomar decisões. Este é o poder que nos permite escolher uma coisa em vez de outra. Todas as nossas ações acontecem a partir das decisões do intelecto. *Chitta* é o armazém de todas as nossas memórias. Portanto, é raiz causadora de todas as nossas noções preconcebidas sobre os objetos, as pessoas e situações que encontramos em nossa vida. *Ahamkara* é a noção de que "estou fazendo tal e tal ação e estou vivenciando seus resultados".

Aqui, o que mais nos interessa é a mente e o intelecto. O vedanta nos diz que a mente nada mais é do que um fluxo de pensamentos. Da mesma forma que uma única árvore não pode ser chamada de floresta, tampouco se pode chamar de mente um único pensamento concentrado ou a ausência de pensamentos. Portanto, a mente sofre uma morte temporária durante o sono profundo. Quando dormimos profundamente, nossa tormenta emocional encontra uma trégua. É por isso que nos sentimos descansados e felizes depois de um bom sono. Se pudermos reter este estado de calma durante as horas de vigília, poderemos resolver a maioria de nossos problemas mentais.

Infelizmente, em vez de a mente permanecer sob nosso controle, na maior parte do tempo é ela que nos controla. O instrumento nos usa para fazer o que ele quer. A Amma costuma dar o

---

[1] *Vedanta* literalmente significa "O final dos Vedas". Ele se refere aos "Upanixades", que abordam o tema Brâman, ou a Verdade Suprema, e o caminho para realizar esta Verdade.

seguinte exemplo: enquanto for o cachorro quem abana a cauda, estará feliz. Se a cauda começar a abanar o cachorro, ele não terá mais um momento de paz. Até mesmo dormir ou comer seria um desafio. Nossa situação é semelhante à do cachorro sendo abanado pela cauda.

A Amma diz que, se tivermos um treinamento apropriado para usar a mente, nossa vida será mais pacífica. Sem certa dose de paz mental, não podemos meditar ou fazer outras práticas espirituais com concentração. É necessário controlar os instrumentos - corpo, mente e intelecto.

Se não controlarmos a mente, não seremos capazes de desfrutar de nada, por mais que haja paz e tranquilidade em nossa volta. Presentemente, nossa mente é como um cavalo selvagem. Embora ninguém queira ficar triste ou zangado, invariavelmente experimentamos estes sentimentos quando somos confrontados com uma situação difícil. Isto se dá porque não somos capazes de usar nossa mente e intelecto como queremos. Se eles estivessem sob controle, poderíamos enfrentar a situações difíceis com uma mente calma e quieta.

Todos nós temos muitos defeitos em nossa mente, tais como impaciência, inveja, raiva, cobiça, julgamentos críticos e outros. O guru cria circunstâncias com a finalidade de trazer estes sentimentos para a superfície e nos fazer vê-los. Quando nos tornamos conscientes dos defeitos, o guru nos ajuda a superá-los.

No início do *ashram*, quando a Amma introduziu a disciplina diária de acordar às 4h30 da manhã e meditar por um número determinado de horas por dia, alguns não ficaram satisfeitos, pois éramos viciados em dormir por muitas horas. Não queríamos acordar cedo. Alguns inclusive optaram por não comparecer à meditação e *archana* (adoração) às 4h30.

Quando a Amma descobriu que alguns de nós não estávamos comparecendo à prática matinal, ela começou a comparecer.

Muitos vezes, ela ia para a cama só depois da meia-noite, mas, com a finalidade de nos inspirar a acordar cedo, a Amma estava lá bem antes da 4h30, pronta para meditar e recitar. Quando soubemos que a Amma estava participando do *archana* com tão pouco tempo de sono, sentimo-nos muito envergonhados e começamos a comparecer regularmente. Em vez de dar ao corpo o conforto de dormir por longas horas, fomos capazes de superar, nesse sentido, nossa escravidão ao corpo físico.

Costumávamos ficar muito chateados quando a Amma fazia algo que nos desagradava, quando apontava algum erro nosso ou elogiava alguém de quem não gostávamos. Saíamos para arejar nosso mau humor ou chegávamos até a discutir com a Amma. No início, a Amma não prestava muita atenção às nossas reações. Mas, depois de alguns anos, ela começou a levar essas explosões emocionais a sério. Quando nós reagíamos negativamente às situações ou às instruções e palavras da Amma, ela se recusava a comer ou a beber. Algumas vezes, ela ficava de pé no sol quente ou na chuva torrencial ou mergulhada até a cintura no lago próximo. Dessa forma, ela se punia por nossos erros. Ela dizia: "Vocês vieram até a Amma com o objetivo de alcançar a autorrealização. Se a Amma não corrigir seus erros, vocês não serão capazes de progredir, e a Amma não estaria sendo justa com vocês. A Amma adotou estas medidas severas para ajudá-los a crescer espiritualmente."

Mais tarde, ela carinhosamente nos aconselhava a enfrentar circunstâncias semelhantes no futuro. Depois, criava várias situações desafiadoras para verificar se estávamos aprendendo as lições. Por meio de sua paciência infinita e compaixão incomensurável, começamos vagarosamente a nos dar conta de nossas reações negativas e a nos arrepender de nossas tolices do passado. A Amma nos ensinou a fazer bom uso dos instrumentos da mente e do intelecto em vez de sermos usados por eles.

Enquanto usufruímos do mundo, não podemos esquecer o propósito supremo da vida. O corpo, a mente e o intelecto nos foram dados como bens. Para que estes bens preciosos não se transformem em sucata, precisamos aprender a usá-los apropriadamente em prol da conquista do objetivo da vida humana. No "Katha Upanixade", o corpo é comparado a uma carruagem. O intelecto é o cocheiro, os cinco órgãos dos sentidos são os cinco cavalos puxando a carruagem, e a mente são as rédeas que controlam os cavalos. O cocheiro deve conhecer o destino e como chegar lá. Ele deve também ter bom controle dos cavalos. Se o cocheiro for experiente, pode chegar ao destino mesmo que o veículo não esteja em boas condições. Entretanto, se ele não for experiente, mesmo com uma boa charrete, talvez não chegue ao destino.

Com seu exemplo, a Amma claramente nos mostra a forma apropriada de usar nossas vidas a fim de alcançar a meta suprema: usar nosso corpo para ajudar os outros, usar nossa fala para amorosamente consolar os outros e usar nossas mentes para cultivar bons pensamentos e orações. A Amma diz: "Aquele cujas pernas correm para ajudar os aflitos, cujas mãos anseiam em dar consolo aos desolados, cujos olhos derramam lágrimas de compaixão, cujos ouvidos escutam as lamúrias dos necessitados e cujas palavras trazem conforto para quem sofre ama Deus verdadeiramente."

A Amma diz que quer ter alguém em seu ombro e enxugar suas lágrimas até dar seu último suspiro. Mesmo para aqueles que a odeiam, ela só tem palavras de amor e compaixão.

Lembro-me de um incidente quando dois dos moradores do *ashram* tiveram uma discussão. Na verdade, um deles estava claramente errado, pois havia cometido um grave erro. O outro residente reclamou com a Amma, esperando que ela expulsasse o culpado. Ela primeiro consolou aquele que fez a "denúncia" e depois chamou o "acusado". O "querelante" estava certo de que

A Amma está usando seu corpo, mente e intelecto somente para o bem de seus filhos. Quem consegue ficar sentado como a Amma, dando *darshan* horas e horas, dia após dia? Ao observarmos a vida da Amma, podemos aprender como fazer melhor uso dos instrumentos que Deus nos deu. É claro que não podemos imitar o que a Amma está fazendo. Contudo, em vez de apenas dizer que ela é maravilhosa, devemos também tratar de aprender a arte de dominar o corpo, a mente e o intelecto. Somente assim poderemos usufruir da paz e da felicidade verdadeiras. De outra forma, qualquer situação em nossas vidas nos perturbará.

Não devemos achar que isso é impossível. Muitos esquecem de comer e dormir enquanto trabalham para promover os seus negócios. Para alcançar os objetivos traçados, são capazes de fazer o corpo obedecer à sua vontade. Um devoto me disse: "Meu filho também esquece de dormir e comer por vários dias, quando assiste ao campeonato de futebol pela TV!" Em outro exemplo, algumas pessoas são capazes de controlar sua própria raiva quando o chefe delas é rude ou rigoroso. Não reagem. Sabem que, se responderem de forma negativa, serão demitidas.

Portanto, certamente somos capazes de controlar nosso corpo, mente e intelecto, mesmo nas situações mais difíceis, quando tratamos de alcançar algum objetivo em particular ou nos dedicamos de corpo e alma a algo que nos interessa. Devemos estender essa capacidade para as nossas práticas espirituais e também para o nosso comportamento com os outros.

Para os devotos da Amma, é sua devoção à ela que os ajuda a desenvolver esta capacidade. Muitos anos atrás, quando era funcionário em um banco, eu trabalhava horas extras para ganhar mais. Quando me demiti do banco para me tornar um residente permanente no *ashram*, todo o meu entusiasmo pelo trabalho se desvaneceu e me tornei um pouco preguiçoso. Mas, ao ver o amor da Amma por nós, eu quis ajudá-la da forma que fosse possível.

Isto me permitiu escapar da minha preguiça e superar meu apego ao meu próprio conforto físico.

Quando nosso amor e afeição pela Amma superam nosso apego aos prazeres do corpo e os desejos de nossa mente, somos naturalmente capazes de assumir o controle de nossos instrumentos. ❖

Capítulo 8

O propósito da vida

A vida é uma jornada, e este corpo é o veículo que nos foi dado para completar a viagem. É um caminho para ir do pequeno ser para o Ser Superior. Por isso que as escrituras dizem: "O corpo humano é, em verdade, o instrumento para realizar Deus, que é o propósito supremo na vida."

No Ocidente, contudo, não se considera que o nascimento humano e o corpo sirvam a um propósito tão alto e nobre. De fato, até mesmo Shakespeare se referiu à vida como "uma história contada por um idiota, cheia de som e fúria, que não significa nada".

Às vezes, movidos por frustração, dizemos que nossa vida é inútil ou que não queremos viver mais. Entretanto, suponha que alguém declare: "Dou-lhe um milhão de dólares, se você me der suas mãos e pernas". Nós não aceitaremos a oferta porque nosso corpo é muito valioso para nós. Podemos dar um rim, mas não os dois, pois nosso corpo é o que temos de mais precioso. Se não somos capazes de dar nem uma parte de nosso corpo por um milhão de dólares, como podemos dizer que nossa vida é inútil? Nossa vida é definitivamente um presente, uma benção de Deus.

Na tradição hindu, se diz que, antes de recebermos um nascimento humano, temos que passar por centenas de milhares de encarnações como formas inferiores de vida, de um tufo de grama a uma árvore, da minhoca ao pássaro que a come, até os macacos e vários animais. Mesmo da perspectiva da evolução biológica, quantos bilhões de anos levou para o ser humano aparecer na terra? De uma ameba unicelular aos peixes no mar, até os répteis e os pássaros e finalmente os macacos e os homens de Neandertal, quanto trabalho a natureza teve para criar o corpo humano?

Embora tão precioso, a tendência no mundo atual é as pessoas considerarem o corpo como nada mais do que um instrumento para se aproveitar os prazeres da vida. A Amma diz que está certo usufruir dos prazeres do mundo, desde que não nos tornemos tão apaixonados por isso que fracassemos em realizar nosso Eu Verdadeiro. Os "Upanixades" se referem a tal fracasso como *mahati vinashiti*, ou "a grande perda". A felicidade que experimentemos no mundo é só uma fração infinitesimal da bem-aventurança da autorrealização. E, na verdade, nem mesmo a felicidade terrena vem de fora da pessoa. Quando saciamos um desejo em particular, nossa mente para de buscar algo no exterior, ao menos por algum tempo. Naquele momento, nos sentimos felizes, mas de onde vem esta felicidade? Quando a mente cessa brevemente seus esforços ininterruptos para adquirir e conquistar, somos capazes de perceber fracamente a bem-aventurança de nosso Eu Superior refletida em meio à escuridão do nosso ego, dos apegos e das noções preconcebidas. É esse pálido reflexo que chamamos de felicidade. A maioria de nós corre atrás desse reflexo em vez de buscar a verdadeira fonte, que é nosso próprio Ser. *Mahatmas* como a Amma nunca se deixam iludir pelo reflexo, porque residem no contentamento do Eu Superior, que é a fonte e o sustento de tudo.

Atribui-se a Albert Einstein, em seus últimos dias, as seguintes palavras: "Às vezes, eu suspeito que minha vida tenha sido um desperdício. Investiguei as estrelas mais distantes e esqueci completamente de investigar dentro de mim mesmo. E eu era a estrela mais próxima!" Apesar das pessoas que temos em mais alta consideração proferirem enunciados tão profundos, nós convenientemente ignoramos ou distorcemos suas palavras porque nos causam desconforto.

haveria uma sabatina e uma avaliação brutal. Entretanto, para seu desencanto, a Amma prosseguiu instruindo o outro de maneira bastante suave. Depois desse inesperado desenlace, o "querelante" apelou para a Amma dizendo: "Eu não vejo justiça nisso."

Diante da afirmativa, a Amma sorriu e replicou: "Não existe justiça no tribunal do mestre; existe somente misericórdia e compaixão. A justiça será obtida no tribunal do tempo."

Muitos podem considerar uma meta impossível incorporar todas as qualidades divinas que vemos na Amma. Não há dúvida que teremos problemas, mas isso não deve nos fazer esquecer da meta da vida. A Amma não se tornou o que é hoje pela ausência de problemas, mas sim a despeito de muitos problemas.

Ao contrário de nós, a Amma teve toda a liberdade para escolher sob quais circunstâncias nasceria. Quando um devoto perguntou-lhe: "A senhora não se sente triste pensando em todas as dificuldades que teve que enfrentar na vida?" A Amma respondeu: "Não, porque eu escrevi a peça de teatro que estou encenando agora." A Amma poderia ter escolhido não nascer. Ela não precisava enfrentar todas as dificuldades que sofreu em sua vida.

A Amma escolheu uma vida de dificuldades para si a fim de mostrar que, apesar de todos os nossos problemas, podemos ainda cultivar qualidades divinas e ulteriormente realizar nosso Eu Verdadeiro. Mesmo hoje, a Amma não precisa dar *darshan* dia e noite, responder às nossas questões e dúvidas ou cantar e meditar conosco. Existem muitas pessoas que gostariam de colocar a Amma em um hotel cinco estrelas para o resto de sua vida. É claro que a Amma nunca pensaria em fazer isso. Para onde quer que viaje, se não houver um *ashram*, ela fica hospedada em casas de devotos. Às vezes, a casa onde fica é muito pequena, e existem apenas poucos quartos para acomodar toda a equipe de aproximadamente quinze pessoas. Os próprios anfitriões dizem a Amma que arranjariam com alegria uma casa maior ou que reservariam quartos em bons hotéis, mas ela sempre recusa.

Durante a turnê anual europeia, ela normalmente fica no prédio onde o programa acontece no período entre o *darshan* da manhã e o da noite, sem usufruir do conforto de uma casa. Depois do *darshan* da manhã, ela perderia uma hora para ir até a casa onde fica hospedada e voltar para o local do evento para o programa da noite. Em vez de gastar o tempo se locomovendo de lá para cá, a Amma afirma: "Posso usar este tempo para dar *darshan* a uma quantidade extra de pessoas."

Em sua turnê de 2002 pelos Estados Unidos, quando ela visitou Iowa pela primeira vez, os organizadores conseguiram um avião particular para tornar seu translado de Chicago mais fácil. Eles queriam fazer o possível para reduzir o esforço físico da Amma, especialmente depois de uma longa noite de *darshan* naquela cidade. À primeira vista, parecia uma ideia nobre. Executivos de negócios e celebridades viajam de jatinho o tempo todo e são muito menos ocupados do que a Amma. Além disso, eles não passam dezoito horas por dia ouvindo os problemas de milhares de pessoas.

Quando a Amma soube do jatinho, imediatamente pediu que o voo fosse cancelado. Ela disse que vira o sofrimento de milhões de pessoas em todo o globo, muitas sobrevivendo sem comida, abrigo ou remédio por falta de dinheiro. Não importava quem tivesse pago pelo avião particular, a Amma disse que não poderia aceitar, sabendo que o dinheiro poderia ter sido oferecido para ajudar aos sofredores em vez de ser usado para seu próprio conforto. Até hoje, a Amma usa um sári branco simples, dorme no chão e come somente um punhado de arroz e alguns vegetais. Um mendigo também consegue viver com muito pouco, mas não por verdadeira renúncia. Pode ser por compulsão ou pelas circunstâncias. A Amma poderia ter todos os confortos do mundo, mas mesmo assim, pega tão pouco dele e dá tanto em retorno. Tentemos seguir o exemplo da Amma o melhor que pudermos. Em vez de simplesmente usar o corpo como um instrumento para desfrutar dos prazeres do mundo, que nós o usemos para altruisticamente servir e ajudar os outros. Dessa forma, nossa vida se tornará uma benção para o mundo e finalmente nos levará a autorrealização. ❖

Capítulo 9

A transformação final

O sol nascente, a lua cheia, a brisa da primavera, o florescer da lótus – apesar do desenvolvimento da tecnologia e da indústria terem tido seu impacto sobre a natureza, a beleza e o esplendor de tudo isso não diminuiu. Apesar de essas pequenas maravilhas persistirem em todo aspecto do mundo à nossa volta, não somos capazes de aproveitá-las como as pessoas costumavam fazer nas gerações passadas ou mesmo como fazíamos quando éramos crianças.

A incidência da depressão e de outros distúrbios mentais é avassaladora. Um professor escolar nos Estados Unidos me contou que todas as manhãs há uma pequena fila de crianças na porta do diretor esperando para receber seu remédio prescrito para algum tipo de desequilíbrio mental.

Talvez as pessoas achem que o mundo deu uma guinada para pior e que por isso que o entusiasmo e a energia se esgotaram nos últimos anos. Na verdade, não foi o mundo, mas nossas atitudes e valores que mudaram. O que é necessário é uma transformação total de nossa visão da vida e de seu propósito.

Para ilustrar a importância da transformação individual no mundo atual, gostaria de compartilhar um relatório que li recentemente a respeito do declínio dos valores da sociedade. Uma pesquisa de 1958 feita com diretores de escolas nos Estados Unidos concluiu que os principais problemas entre os estudantes eram:

1. Não fazer o dever de casa
2. Não respeitar os bens da escola

3. Deixar as luzes acesas e as portas e janelas abertas
4. Fazer barulho e correr pelos corredores
Os resultados da mesma pesquisa desenvolvida 30 anos depois foram chocantes. Em 1988, os principais problemas dos estudantes foram classificados na seguinte ordem:
1. Aborto
2. AIDS
3. Estupro
4. Drogas
5. Assassinato, armas e facas nas escolas e faculdades
6. Gravidez adolescente
Se a mesma pesquisa fosse feita em 2004, eu não teria coragem de ler os resultados.

A Amma conta a seguinte história: certa vez, um pai descobriu que o filho adolescente estava frequentando boates. O pai então aconselhou o filho a não ir a esses lugares, dizendo: "Se você for a boates, verá coisas que não deve."

A despeito do conselho, o garoto foi novamente à casa noturna. No dia seguinte, ele disse ao pai: "Pai, eu fui à boate ontem à noite e vi algo que não deveria ver."

O pai então exigiu que ele contasse o que havia visto.

"Vi você sentado na primeira fila!"

A Amma diz que o cultivo de boas qualidades tais como paciência, ternura e autodisciplina deve começar com os pais. Se eles não tiverem estas qualidades, as crianças seguirão seus passos.

Infelizmente, nossas mentes não gravitam naturalmente na direção dos bons pensamentos e das boas qualidades. Como disse Albert Einstein: "A ciência pode modificar o plutônio, mas não pode modificar a maldade na mente das pessoas." Remover as negatividades da mente é extremamente difícil, não é um processo automático como digerir a comida. Temos que iniciar o processo conscientemente. Mesmo que a pessoa tenha muito estudo, a remoção das tendências negativas da mente não é algo fácil. Podemos nos perguntar por que isto ocorre. Quando tudo mais permanece igual, por que a mente vai para baixo e não para cima? Isto acontece por causa de nossas *vasanas* herdadas do passado. Quando agimos de uma determinada maneira, se isso resulta em uma experiência agradável, cria uma impressão em nossa mente que a faz perseguir uma experiência similar no futuro. Quando repetimos uma ação muitas vezes, uma tendência ou hábito forte se desenvolve e é muito difícil quebrá-lo. Além de nossas *vasanas* herdadas de nascimentos anteriores, estamos criando novas *vasanas* em nossa vida presente.

No grande épico indiano "Mahabharata", Duryodhana, o mais velho irmão dos Kauravas, afirma: "Eu sei muito bem o que é *dharma* (retidão), mas não sou capaz de agir de acordo com ele. Eu sei muito bem o que é *adharma* (incorreção), mas não sou capaz de evitá-lo." Duryodhana tinha o conhecimento do certo e do errado, mas por causa da força de suas *vasanas*, era incapaz de usá-lo.

A Amma diz que outra razão pela qual nossa mente não gravita na direção dos pensamentos divinos é porque nossos pais não estavam tendo pensamentos divinos no momento da concepção. Tinham apenas pensamentos de luxúria. Isso definitivamente afeta nossa mente em um nível mais sutil.

Em última instância, não existe sentido em tentar descobrir de onde vêm as *vasanas*. Se gastarmos nosso tempo precioso tentando descobrir sua origem, seremos como o homem que foi atingido por uma flecha e está mais interessado em saber quem atirou, de que tipo de madeira ela é feita e de que tipo de pássaro vêm as penas em sua ponta do que saber sobre o mais importante, ou seja, como remover a flecha e tratar o ferimento. Da mesma forma, podemos não saber como entramos no labirinto, contanto que encontremos a saída.

Uma forma de superar as *vasanas* é se refugiar junto a um *satguru* como a Amma. Muitas pessoas passam por uma transformação notável depois de conhecerem a Amma. Alcoólatras deixam de beber, fumantes inveterados param de fumar, pessoas cruéis tornam-se gentis e muitos outros maus hábitos ou obsessões desaparecem.

Ao final de minha formação acadêmica, queria me tornar médico, mas acabei sendo bancário. Apesar de ter um bom emprego, meu desejo de estudar medicina era muito grande. Como eu não podia me tornar médico, pensei em ser um representante de vendas em uma companhia de suprimentos médicos. Fiquei obcecado com essa mudança de carreira. Meu pai e meus amigos me aconselharam a não deixar o emprego lucrativo no banco. Eles me alertaram que o trabalho como representante de produtos farmacêuticos não era tão bom quanto a posição no banco. Disseram-me que os representantes de vendas estão sempre esperando atrás das portas dos consultórios médicos e ficam à mercê das chamadas dos seus clientes. Assim mesmo, eu não consegui deixar de lado o meu desejo irracional, até conhecer a Amma. Depois de vê-la, essa obsessão desapareceu espontaneamente. Tais transformações são comuns na presença de um *Mahatma*.

É por isso que se dá tanta importância a conhecer um *Mahatma*. Da mesma forma que uma pessoa que anda em más companhias acaba reproduzindo o comportamento negativo dessas companhias, o contato com um *Mahatma* tem um efeito positivo na vida das pessoas e em seu caráter. Em outras palavras, quando entramos em contato com más companhias, nos tornamos maus; quando nos ligamos a pessoas corretas, nos tornamos corretos. Quando estamos em contato com um Mestre Espiritual, ficamos espiritualizados. Quanto mais receptiva a pessoa estiver, maior será a transformação. Se quisermos ficar mais receptivos, devemos tentar lembrar do guru constantemente ou o mais frequentemente possível e seguir suas instruções com sinceridade. Podemos também cultivar a pureza da mente tendo só bons pensamentos, tentando evitar maus pensamentos e trocando nossos pensamentos negativos por positivos.

Alguns anos atrás, um dos programas da Amma na Alemanha aconteceu muito perto de um bar. Certa noite, um bêbado cambaleou para fora do bar e para dentro do salão onde a Amma estava dando *darshan*. Ele perguntou a uma devota local o que estava acontecendo; ela explicou gentil e pacientemente que a Amma era uma santa da Índia e perguntou se ele queria receber sua benção. Ele disse que tanto fazia. Embora estivesse obviamente muito bêbado e embaralhando as palavras de forma incoerente, nós levamos o homem para receber o *darshan* da Amma. Ela passou bastante tempo com ele, enchendo-o com seu amor e afeição e demonstrando cuidado especial por causa de seu estado intoxicado e desgrenhado. Não esperávamos vê-lo novamente.

Três meses depois, quando estávamos todos de volta à Índia, o mesmo sujeito apareceu no *ashram* de Amritapuri. Ele parecia muito pouco com o homem que havia cambaleado para dentro do salão do programa. Ele raspara a cabeça, usava roupas limpas e um *rudraksha mala* (rosário indiano, feito com as sementes da árvore *rudraksha*), mas eu pude reconhecê-lo. Perguntei-lhe o que havia acontecido. Ele replicou que não sabia o que a Amma tinha feito, mas, depois da noite em que a encontrou, ele havia se transformado completamente. Embora seus pais e amigos sempre dissessem para que não bebesse tanto, nunca fora capaz de controlar seu vício. Ele me contou que, em ocasiões anteriores, quando estava muito bêbado, havia sido maltratado e até mesmo espancado pelos outros. Mas, naquela noite com a Amma, havia recebido apenas amor e carinho. Depois disso, perdeu todo o interesse pela bebida. Então ele me falou que queria ficar no *ashram*. Até mesmo assassinos tornaram-se sábios renunciantes por causa de sua ligação com mestres realizados. Muitos de vocês talvez conheçam a história do sábio Valmiki, que compôs o *Ramayana*. Antes de se tornar um sábio, era simplesmente um ladrão e assassino que vivia na floresta. Depois de encontrar um grupo de *Mahatmas*, ficou completamente transformado. Em uma terra de sábios e santos eruditos, ele era um homem analfabeto e sem cultura que vivia na selva e se tornou o autor do primeiro grande épico em sânscrito (24 mil versos) que ainda é lido e apreciado pelas massas, mesmo depois de milhares de anos. Este é o milagre que o encontro com um *Mahatma* pode realizar.

Outro exemplo desse tipo é o de Angulimala, que jurou matar 1.000 seres humanos e já tinha matado 999 quando encontrou o Buda caminhando na floresta. Pensando em fazer dele sua milionésima vítima, começou a perseguir o monge. Embora Buda estivesse apenas passeando devagar, Angulimala se deu conta que não conseguia alcançá-lo. Finalmente, exausto, ele gritou: "Hei, monge, pare!"

Ao que Buda replicou simplesmente: "Eu parei. Foi você que não parou."

Confuso, o assassino perguntou o que ele queria dizer. Buda explicou: "Eu digo que parei porque desisti de matar todos os seres, deixei de lado tratar mal todos os seres e me estabeleci no amor universal, na paciência e no conhecimento através da reflexão. Você não parou de matar, nem de tratar mal as pessoas e não está estabelecido no amor universal e na paciência. Portanto, foi você quem não parou." Transformado por estas palavras, Angulimala jogou fora suas armas, seguiu Buda e tornou-se seu discípulo. Por meio de boas ações e de uma prática espiritual sincera, ele foi capaz de compreender Deus. A respeito de Angulimala, Buda mais tarde declarou: "Aquele cujas más ações são obscurecidas pelo bem ilumina esse mundo como a lua livre de nuvens."

Lembro-me de um exemplo correlato na vida da Amma. Quando ela estava com vinte e poucos anos, um grupo de pessoas na vizinhança começou a implicar com a influência crescente dela. Eles ofereceram bebida e dinheiro a um vagabundo da vila, que já havia entrado e saído da cadeia algumas vezes, para que assaltasse a Amma. O bandido foi até a casa da família da Amma depois da meia-noite. Nesta época, o pai ou a mãe da Amma costumava tomar conta dela durante a noite, enquanto ela sentava imersa em meditação no coqueiral em frente ao templo. Naquela noite em particular, a Amma ficou sentada por tanto tempo que seu pai finalmente foi dormir, exausto. Assim, o malfeitor chegou até ela, que meditava sozinha, exceto por dois cachorros que estavam deitados por perto. Quando ele se aproximou, um dos cachorros pulou e cravou os dentes em sua mão. Ouvindo os latidos dos cães e os gritos de dor do vagabundo, Amma abriu os olhos e viu o malfeitor segurando sua mão ensanguentada.

Embora entendesse claramente as intenções do homem, a Amma se aproximou dele, disse-lhe para não se preocupar e limpou e enfaixou seu ferimento. Depois, ela pediu aos vizinhos que haviam se aproximado com a comoção que o levassem para casa sem machucá-lo.

Depois desse incidente, o homem que tencionara atacar a Amma mudou completamente. Ele inclusive passou a transportar os devotos dela pelo rio sem cobrar nada.

Estar na presença de um ser divino simplesmente cria uma mudança em nós. Por meio de seu amor e compaixão, a Amma está fazendo surgir essa transformação positiva em milhões de seus devotos. Muitos deles fizeram coisas ruins no passado, mas expostos à santidade dela, mudaram de comportamento e tornaram-se pessoas corretas.

Dessa forma, a Amma não apenas está ajudando milhões de indivíduos; ela está restaurando a harmonia perdida na família e na sociedade. Se nós mudarmos, então, vagarosamente, as pessoas à nossa volta mudarão. Outros conectados a elas também começarão a mudar. Como a Amma sempre diz, não somos ilhas isoladas, mas sim elos em uma corrente. Quer tenhamos consciência disso ou não, cada ação que praticamos influencia os outros. A sociedade é feita de indivíduos. Quando os indivíduos mudam para melhor, a sociedade como um todo fica mais harmoniosa e pacífica. ❖

Capítulo 10

O desejo que elimina os desejos

Todos nós temos muitos desejos que, quando realizados, nos deixam muito felizes. Infelizmente, muitos dos nossos desejos levam a mais desejos. Não há nada de errado em tentar satisfazer nossos desejos, mas devemos nos lembrar que só porque desejamos algo, não significa que aquilo será bom para nós.

Eu me lembro de uma história sobre um dos devotos da Amma que ilustra este ponto. Era um jovem rapaz que havia se formado na faculdade recentemente com notas muito boas. Seu sonho era se tornar um *brahmacharin* e morar no *ashram* com a Amma, mas sua família era muito pobre, por isso queria ajudar seus pais para apenas depois se juntar ao *ashram*. Toda vez que vinha até a Amma, rezava para que conseguisse um emprego em breve para poder ajudar seus pais antes de entrar para o *ashram*.

Pouco depois disso, ele recebeu uma oferta de emprego no Oriente Médio. Era um bom emprego com um ótimo salário. O único problema era que ele teria que assinar um contrato de trabalho atestando que trabalharia um mínimo de cinco anos com a companhia. Se ele saísse do emprego antes de cinco anos de serviço, teria que ressarcir todo o dinheiro que recebera como salário da empresa. Essa era a oferta.

Ele veio até o *ashram* para contar à Amma sobre a oferta de emprego, e disse: "Estão me oferecendo um salário muito bom, por isso tenho que aceitar o trabalho."

A Amma replicou: "Você não pode esperar um pouco mais? Você receberá outra oferta de emprego com melhores condições." Embora ela tivesse dado uma dica bem direta, ele não quis ouvir. Tinha certeza de que não teria outra oferta de trabalho que o permitisse prover tanta ajuda a sua família.

Assim, ele aceitou o emprego e trabalhou por dois anos aproximadamente. Com o dinheiro que ele enviava para casa, seus pais puderam pagar todas suas dívidas. Enquanto isso, a devoção deles pela Amma se tornou tão forte que, depois de pagar a dívida, eles venderam a casa e se mudaram para o *ashram*. Quando o filho soube dessas notícias, ficou muito chateado, porque tinha aceitado o emprego com um contrato de cinco anos apenas para ajudar seus pais. E ele ainda não podia ir para o *ashram*, pois não tinha terminado o contrato.

Se tivesse escutado a Amma, definitivamente teria conseguido outro trabalho e provavelmente poderia se mudar para o *ashram* como um *brahmacharin* em pouco tempo. Portanto, podemos ver que, algumas vezes, os desejos, mesmo que aparentemente bons, podem nos trazer problemas.

É por isso que se diz: "Quando você for até um *Mahatma*, não peça nada. Apenas conte a ele ou ela seus problemas, pois lhe dará o que for melhor para você. O que quer que um *Mahatma* faça ou peça para você fazer será definitivamente para o seu crescimento espiritual."

Eu me recordo de uma história que ilustra como uma situação que parece ruim pode ser boa, e uma situação que parece ser favorável pode nos trazer sofrimento. Certa vez, um empresário de Mumbai veio para o *darshan* da Amma. Ele contou a ela sobre como seu negócio estava indo mal e pediu-lhe que fizesse um *sankalpa* para que seu negócio florescesse. A Amma disse ao *brahmacharin* que estava traduzindo para o homem: "O que ele está passando agora é para seu próprio bem."

Ao ouvir a resposta da Amma, o empresário ficou desesperado e começou a implorar: "Não, Amma, não diga isso! Por favor, me ajude! Só posso ser feliz e bem-sucedido se meu negócio se recuperar." Para surpresa do *brahmacharin*, Amma começou a rir. Ele não podia entender porque ela não demonstrava compaixão para com este homem como normalmente faz com as pessoas desesperadas. Só muito depois ficou claro por que ria a Amma.

Muitos meses depois, o mesmo homem retornou ao *ashram*. Quando foi para o *darshan*, começou a soluçar alto. Ele explicou-lhe que, depois que retornou para Mumbai, seu negócio começou a prosperar. Por volta da mesma época, seu irmão mais novo se juntou ao submundo de Mumbai e começou a exigir dele grandes somas em dinheiro. Inicialmente, o homem cedeu ao irmão, mas quando o montante de extorsão começou a crescer, ele se recusou a pagar mais. O relacionamento entre os dois começou a piorar e o irmão mais jovem deixou a casa.

Depois, sem que o empresário soubesse, o irmão mais novo começou a ameaçar a esposa dele. Temendo as repercussões, ela não revelou isso a ninguém. A pressão se tornou muito forte, e ela sucumbiu à depressão.

A exaltação que o homem de negócios sentiu com o sucesso de seu empreendimento empalideceu por causa da situação em casa. A felicidade que pensou que teria se seu negócio prosperasse, agora o deixara desanimado. Em desespero, retornara à Amma.

Durante o *darshan*, ele implorou: "Amma! Por favor, tire de mim toda a minha riqueza. Não me incomodo de ser pobre, mas me dê paz de espírito. Não consigo dormir faz quase uma semana. Por favor, Amma, salve meu irmão e cure minha esposa!" A Amma foi muito compassiva com ele, colocando-o em seu colo e o acarinhando amorosamente.

Alguns meses depois, ele mandou uma carta para Amritapuri. Nela, agradecia à Amma por ter restaurado a paz e a harmonia em sua vida pessoal e familiar. Seu irmão e esposa também se tornaram devotos da Amma.

No caso do empresário, ele acreditava que o fracasso de seu negócio era uma maldição, mas depois percebeu que a paz de espírito era mais importante do que o dinheiro. Se logo de início tivesse ouvido o conselho da Amma, poderia ter evitado muito sofrimento desnecessário.

Quando temos muitos desejos e expectativas, pode ser difícil meditar, pois não conseguimos nos sentar calmamente com tantos problemas nos atormentando. A Amma diz: "Se estamos executando práticas espirituais e assim mesmo desejamos tantas coisas, parte da energia espiritual que geramos com as práticas irá para a materialização desses desejos. Quando nos entregamos a esses desejos, perdemos energia e nosso crescimento espiritual é reduzido."

A Amma salienta que estamos desperdiçando toda a energia espiritual que ganhamos, da mesma forma que uma pessoa que trabalha duro gasta todo o dinheiro que ganha com besteiras em vez de comprar algo útil.

Talvez agora você se pergunte: "*Swamiji*, o senhor diz que não devemos ter desejos? Mas e o desejo de estar com a Amma? E o desejo de alcançar a liberação?"

Estes desejos são as únicas exceções, porque nos auxiliam no crescimento espiritual. O desejo de obter a liberação ou a compreensão de Deus nos levará para além de todos os desejos. Nesse estado, nos sentimos plenos e completos. O desejo de estar com a Amma não é como o de ter uma casa grande, um carro caro ou de ficar famoso. Se conseguirmos a casa que queremos, eventualmente iremos querer uma maior ou uma segunda casa. Da mesma forma, todos os desejos mundanos somente levam

a mais e mais desejos. Por outro lado, o desejo de estar com a Amma ou o desejo pela liberação nos ajuda a superar os outros desejos. A Amma nos diz que, por causa de nossa conexão com ela, somos capazes de nos desapegar de muitas outras coisas. Isso nos inspira a crescer espiritualmente.

A Amma dá um exemplo. Quando um espinho entra fundo na sola do pé, é preciso um objeto pontudo para tirá-lo, talvez outro espinho. Assim como se usa um espinho para remover outro, o desejo por Deus ou pelo guru elimina todos os outros desejos.

As pessoas podem ser classificadas em três tipos, dependendo de como reagem aos desejos. O primeiro tipo é chamado de *bhogi* ou pessoa mundana. Este tipo de pessoa elimina seus desejos saciando-os. Suponha que uma pessoa tenha o desejo de assistir um filme. Ela simplesmente vai assistir o filme e satisfaz seu desejo. Assim, esse desejo é eliminado. No dia seguinte, se esta pessoa tem o desejo de comer uma pizza, ela correrá para a pizzaria mais próxima. Embora seja comum, este método de saciar desejos é muito perigoso, pois é como adicionar combustível ao fogo. É impossível exaurir os desejos saciando-os.

O segundo tipo é chamado de *tyagi* ou renunciante. Antes de tentar saciar um desejo em particular, o renunciante perguntará: "Saciar este desejo me ajudará a crescer espiritualmente?" Se a resposta for não, se saciar esse desejo for apenas aumentar suas *vasanas*, esta pessoa renuncia ao desejo.

O terceiro tipo é o *jnani*, ou *Mahatma*, aquele que já transcendeu seus desejos ao realizar o Ser Superior. O *Mahatma* ainda come e bebe, mas isso não pode ser chamado de desejo. Ele ou ela o faz somente para manter o seu corpo. Da mesma forma que fala o idioma do lugar onde nasceu e foi criado, talvez coma ou beba algo relativo à cultura onde cresceu.

Existe um belo exemplo da vida de Sri Ramakrishna Paramahansa. Ocasionalmente, ele encomendava algum tipo de doce, pedindo que fosse trazido imediatamente. Algumas pessoas se perguntavam: "Ele alcançou Deus e ainda tem o desejo de comer doces? O que é isso?" Sri Ramakrishna explicou aos seus devotos que era difícil para ele manter sua mente no nível do mundo, pois ela era naturalmente atraída para o estado de *samadhi*[1]. Ele explicou que sempre que pensava em coisas comuns, como comer doces ou ir a um lugar em particular, sua mente era obrigada a voltar. "Antes que eu permita que minha mente voe para o *samadhi*, penso em um pequeno desejo como o de comer um doce ou alguma outra comida, ou alguma outra coisa. Assim, minha mente volta para executar a ação." As almas realizadas fazem este tipo de *sankalpa,* no qual a mente tem que voltar para o plano terreno. Da mesma forma que um relógio despertador nos acorda, esses pequenos desejos ou intenções são como um relógio despertador lembrando a pessoa realizada de retornar ao nosso nível.

A Amma diz que, quando canta *bhajans*, se deixar sua mente ir embora, é muito difícil voltar do estado de *samadhi*. Hoje em dia, como há sempre tantas pessoas para ouvi-la cantar, ela faz um *sankalpa* antes de cantar um *bhajan* para que o cante por completo. Para conseguir cumprir essa resolução, sua mente tem que voltar para cantar cada verso da canção.

No início, quando a Amma cantava um *bhajan*, ela costumava entrar em *samadhi* antes de terminar a música. Os *brahmacharins* que a acompanhavam continuavam a cantar os mesmos versos repetidas vezes, esperando que a Amma saísse do *samadhi* para indicar qual deveria ser a próxima canção.

---

[1] *Samadhi* se refere a um profundo estado de absorção, uma completa identificação com o objeto da meditação. Quer seus olhos estejam abertos ou não, um *mahatma* está sempre conectado com a Consciência Suprema. Muitos *mahatmas* escolheram permanecer recolhidos interiormente o tempo todo, não encontrando razão para interagir com o mundo. O *satguru* escolhe descer ao nível das pessoas comuns a fim de ajudá-las a crescer espiritualmente, enquanto segue estabelecido na bem-aventurança.

Lembro-me de uma vez quando estávamos recitando o *Lalita Sahasranama Archana* (1.000 nomes da Divina Mãe) com a Amma no antigo templo. Depois de cantar alguns mantras, a Amma se perdeu em êxtase divino. Algumas vezes, ela gargalhava, algumas vezes chorava, noutras, se sentava firme como uma estátua. Quando emergia de seu humor extático, nos pedia que continuássemos recitando de onde tínhamos parado, mas aí, ela se perdia de novo após mais alguns mantras. Normalmente, leva apenas uma hora para completar um *archana*, mas nessa ocasião, levou cinco horas.

A Amma já tentou cantar os mil nomes da deusa sozinha vária vezes, mas nem sequer uma vez conseguiu completar o *archana*. Ela sempre se perde em *samadhi*. (É claro que não existe necessidade da Amma recitar o *archana*, uma vez que é una com a Mãe Divina. Amma faz práticas espirituais somente para dar um exemplo.)

No início, a Amma não viajava muito nem fazia muitos programas fora do *ashram* e ainda não tinha inaugurado nenhuma instituição ou projeto de caridade. Depois de terminar de dar *darshan* aos devotos que vinham ao *ashram* a cada dia e de dar algumas instruções para os *brahmacharins*, ela ficava livre para passar várias horas imersa em *samadhi*. Agora, ela tem tanto a fazer e tantas atividades para orientar que sobra pouquíssimo tempo para si mesma. Milhares de pessoas vêm para o *darshan* da Amma todos os dias, e sua vasta rede de instituições educacionais e atividades humanitárias não para de expandir. A Amma diz que a compaixão é a expressão natural do amor. Devido à transbordante compaixão que a Amma sente por nós, ela dedica todo momento de sua vida a aconselhar, consolar e servir seus filhos, sem nunca perder sua paz interior.

Portanto, às vezes pode parecer que os mestres realizados têm desejos simples, mas não é assim na realidade. Se têm algum desejo, é somente o de manter sua mente neste plano para elevar a humanidade.

Ao observarmos as ações altruístas dos mestres realizados, somos inspirados a seguir seu exemplo, e isto nos ajuda a transcender nossos desejos egoístas. Os *brahmacharins* da Amma são um bom exemplo. Quando chegamos até a Amma, todos nós tínhamos muitos desejos. Eu procurei a Amma para conseguir uma transferência para um banco mais perto de minha cidade natal. Outro *brahmacharin* buscou a Amma para que, com suas bênçãos, conseguisse boas notas em seus exames.

Quando o Swami Purnamritananda (então Brahmacharin Sreekumar) terminou sua graduação em engenharia, o pai dele conseguiu um emprego para ele no Instituto de Pesquisa Raman, em Bangalore. Ele já passava a maior parte do tempo no *ashram* e, como seus pais e a maioria dos parentes eram devotos da Amma, ele não esperava que seu pai lhe pedisse para procurar trabalho. Por mais que seus pais amassem a Amma, tinham receio de perder o filho para uma vida de renúncia. Ainda acalentavam o sonho de sucesso ndo mundo para ele, por isso seu pai arrumara o emprego em Bangalore.

Sair do *ashram* era a última coisa que o Swami Purnamritananda queria fazer, mas a Amma o pressionou a tentar o trabalho por pelo menos alguns dias. Ela e vários devotos o acompanharam até a estação de trem para uma despedida cheia de lágrimas. Conforme o trem se distanciava com rapidez, Swami Purnamritananda via da janela a Amma e os devotos desaparecendo na distância. Ele estava soluçando, de coração partido por esta separação repentina. Naquela época, ele não conseguia suportar ficar longe da Amma nem por um momento. O pensamento de que estava sendo mandado para longe por um período indeterminado era demais para ele.

Sem comer nem beber nada, ficou deitado na cama superior do beliche no trem. Alguma hora perto do nascer do sol, ele acabou dormindo. Pouco depois, ele foi acordado com a sensação de que a mão de alguém acariciava sua testa. Quando abriu os olhos, não pode acreditar no que via. A Amma estava sentada perto dele no beliche. Ele não estava sonhando, mas plenamente consciente. Tentou levantar-se, mas não conseguiu mover o corpo nem pronunciar uma palavra. A Amma estava silenciosa também, mas seus olhos brilhavam. Alguns minutos se passaram em *darshan* silencioso, quando, de repente, ela desapareceu de sua vista. Ele, então, fechou os olhos e começou a meditar. Passou o resto da viagem com a lembrança amorosa da Amma, e teve que ser sacudido para sair de sua meditação quando o trem atingiu seu destino final em Bangalore.

Um representante da empresa para a qual ia trabalhar o esperava na estação e não conseguiu entender seu estado de espírito. "Não está feliz com este emprego?", perguntou. "Um cargo no Instituto de Pesquisa Raman é o sonho de muitos jovens", ele explicou. Sreekumar permaneceu em silêncio.

Depois de algum tempo, o *brahmacharin* achou que seu comportamento não era adequado para a ocasião e explicou ao representante que sentia saudades de casa. Este foi muito gentil e cheio de consideração e, com amor paternal, preparou-lhe uma comida e o fez comer, sentando-se ao seu lado. O *bhramacharin* sentiu claramente o amor da Amma fluindo através do representante.

No dia seguinte, ele deu início aos seus deveres no instituto. Este emprego era tudo o que sonhara quando era estudante, mas agora sentia somente desprezo pela posição que fora obrigado a assumir por causa de seus anos de estudo. O cientista mais experiente logo se afeiçoou a ele e o cobria de elogios, mas o *bhramacharin* não se afetava com isso. Ele passava seus dias sozinho, em silêncio e recolhido.

Em muitas ocasiões, a Amma fez sua presença ficar clara para ele, por meio de certos sinais. Durante o sono, ele tinha a sensação de flores descendo sobre seu corpo, em outras ocasiões, ouvia o tilintar das tornozeleiras da Amma, a doce fragrância que sempre a acompanha enchia o ar, e sua voz soava em seus ouvidos. Mais tarde, Amma lhe disse que todos esses sinais eram para ajudá-lo a entender que a Amma não está confinada aos limites de seu corpo físico e que estava sempre com ele.

As semanas se arrastaram numa lentidão agonizante. Ele recebeu muitas cartas consoladoras da Amma, mas mesmo assim, mal conseguia ler cada palavra. Muitas vezes pensou em retornar ao *ashram*, mas, a cada vez, a Amma aparecia em sonho e lhe dizia para ficar. Ele não queria desobedecê-la e por isso decidiu não sair.

Certo dia, ele desabafou com o representante que havia demonstrado tanto cuidado e preocupação com ele. Naquela noite, na esperança de que Sreekumar tivesse alguma paz de espírito, o representante o levou a um lugar solitário, uma área naturalmente bonita, marcada por montanhas escarpadas e rochas. Eles vagarosamente escalaram até o topo de uma grande pedra e sentaram-se ali, conversando sobre a Amma. A essa altura já era meia-noite, e o representante deitou-se para dormir. O *bhramacharin* fechou os olhos e permaneceu sentado. Um pensamento estranho passou por sua mente: "É o corpo que está causando minha separação da Amma, portanto deixe-me destruí-lo." Levantou-se e, assegurando-se de que o representante ainda estava dormindo, lentamente se dirigiu para a beira da rocha, mirando a fenda profunda abaixo. Depois, fechou os olhos orando por alguns segundos, fortalecendo sua resolução. De joelhos, preparou-se para dar seu mergulho para a morte. Contudo, assim que começou a se jogar, foi repentinamente puxado por trás e caiu sentado. Ele olhou em volta e procurou pela pessoa que o impediu de pular para a morte, mas o representante ainda dormia pacificamente e não havia ninguém mais à vista. O *bhramacharin*, então, se deu conta de que havia sido a Amma que o segurara. Ele sentou-se e meditou na Amma. Sua voz ressoava dentro dele: "Filho, o suicídio é para os covardes. O corpo é precioso. É o instrumento através do qual podemos conhecer o *Atman*. Muitos são capazes de alcançar a paz graças a ele. Não o destrua. Matar-se é o pior mal que poderia fazer a mim. Supere as adversidades. Seja corajoso. Eu estou com você." Finalmente, a Amma deu permissão para que retornasse ao *ashram*.

Antes de encontrar a Amma, ele desejara se tornar um engenheiro em uma companhia importante, mas, depois de encontrá-la, nem mesmo o emprego de seus sonhos conseguiu satisfazê-lo. Seu único desejo era estar com ela, e este desejo eliminou todos os outros, com a promessa de levá-lo a um estado além de todos os desejos.

A companhia de um *satguru* é o melhor meio para reduzir e superar nossos desejos, mesmo que estejam profundamente arraigados. Às vezes, a mera visão de um *Mahatma* é suficiente para nos ajudar a superar até os desejos mais fortes.

Talvez alguém pense: "Cheguei a um ponto onde não tenho mais nenhum desejo. Estou satisfeito e contente com minha vida. Se não tenho nenhum desejo nem expectativa, por que devo executar qualquer ação? Por que não posso simplesmente me sentar quieto?"

Esta atitude é pura preguiça. É possível não ter qualquer desejo forte ou ambição, mas sempre existirão *vasanas* acumuladas em nós. Se não trabalharmos para nos livrarmos dessas negatividades, elas poderão vir à tona a qualquer momento e criar problemas para nós. Quando nossas tendências negativas surgem, podem nos impulsionar a praticar ações errôneas. É por isso que a Amma nos pede para fazer serviços abnegados e práticas espirituais. O serviço voluntário, o serviço para o guru e a obediência às instruções do guru em nossas práticas espirituais e em nossa vida diária nos ajudarão a remover nossas tendências negativas acumuladas. No que concerne o aspirante espiritual, é importante superar as *vasanas* negativas, porque elas nos impedem de ter a compreensão de Deus. Enquanto tivermos tendências negativas, não seremos capazes de meditar direito, não seremos capazes de executar nossas práticas espirituais e não seremos capazes de sentir a presença de Deus.

Qual é a causa dessas negatividades? É a ignorância. Somos ignorantes de nossa verdadeira natureza. Em vez de nos identificarmos com o *Atman*, ou o Eu Superior, pensamos que somos o corpo, a mente e o intelecto. Tentamos saciar os desejos desses três, por bem ou por mal. Como mencionado anteriormente, quando efetuamos alguma ação repetidamente, criamos uma *vasana* dentro de nós. Portanto, a ignorância a respeito de nossa verdadeira natureza é a causa de todas as nossas negatividades.

É claro, que as *vasanas* não são sempre ruins. Ao fazer um serviço ao próximo, ao desenvolver práticas espirituais e servir ao guru, estamos criando tendências positivas que vagarosamente purificarão nossa mente e nos deixarão aptos a receber a graça de Deus.

A Amma costuma dizer que tudo o que fazemos repetidamente se torna um hábito e, ao longo do tempo, nossos hábitos formam nosso caráter. E um bom caráter é a qualidade fundamental que se deve ter para o progresso espiritual. Algumas vezes, podemos ver que a mudança repentina ocasionada por ter encontrado a Amma não dura muito tempo, e o indivíduo escorrega de volta para seus velhos hábitos. Quando isso acontece, significa que a pessoa não tomou a iniciativa de incorporar os ensinamentos da Amma e de colocá-los em prática na sua vida. Os *Mahatmas* podem transformar completamente nossas vidas, mas a sustentação dessa transformação dependerá inteiramente de como nós reagimos ao seu amor e compaixão. A menos que estejamos desejosos de dar alguns passos de mãos dadas com o mestre, este não poderá nos levar à meta final. ❖

Capítulo 11

O poder dos hábitos

Amma diz que o cultivo de bons hábitos é muito importante para o aspirante espiritual, porque hábitos e qualidades negativas, tais como a impaciência, a inveja e o julgamento dos outros nos impedem de obter a paz de espírito. Por meio de seu próprio exemplo, a Amma nos inspira a cultivar bons hábitos. Com paciência, aceitação e o amor de uma mãe por seus filhos, ela nos ajuda a superar nossos hábitos negativos, o que nos deixa livres para aproveitar a vida e seguir com nossas práticas espirituais com dedicação e concentração.

A Amma narra a seguinte história: certa vez, uma mulher foi receber o *darshan* e depois a Amma pediu a ela que sentasse ao seu lado por algum tempo. A devota nunca tivera essa oportunidade e ficou muito feliz em sentar-se ali por tanto tempo. Ela passou o resto do dia contando a todo mundo sobre sua boa sorte e sobre os momentos abençoados com a Amma. No dia seguinte, a devota foi de novo para o *darshan* e novamente a Amma pediu-lhe para sentar-se ao seu lado. Dessa vez, a devota ficou duplamente feliz e se inundou de lágrimas de agradecimento e alegria.

Passados alguns minutos, esta devota viu outra mulher se aproximar para o *darshan,* da qual não gostava e tinha ciúmes. A Amma pediu à segunda mulher que se sentasse ao seu lado também. A primeira devota ficou chateada quando a outra se sentou ao lado da Amma. Seu ciúme cresceu, e ela chegou a ficar chateada com a Amma. Ela estava sentada no mesmo lugar do dia anterior, quando havia sido uma experiência de êxtase, mas agora era traumática.

Esta devota trabalhara horas extras por um ano para poupar dinheiro só para vir ver a Amma e usufruir de uns poucos momentos felizes em sua companhia. Ela chegou até ali depois de uma longa e árdua viagem. Ela fora amplamente recompensada com a oportunidade de se sentar perto da Amma (o que é frequentemente difícil por causa das enormes multidões ao seu redor). Entretanto, quando finalmente chegou o momento tão esperado, ela não pôde usufruir a profunda paz e alegria antecipadas. Ela ficou tão agitada que deixou o inestimável lugar perto da Amma sem que lhe pedissem. Tudo por causa do hábito do ciúme.

Depois de cultivar bons valores e comportamentos, será difícil voltar aos velhos modos, da mesma forma que agora achamos difícil praticar bons hábitos. Há alguns anos, um dos devotos da Amma que tinha dirigido um filme em malaiala deu uma cópia para a Amma antes da estreia nos cinemas e pediu que ela o assistisse. Não era um filme particularmente espiritualizado, mas integrava valores morais muito bons. Para fazer o devoto feliz, Amma chamou todos os *brahmacharins* e disse: "Vamos assistir o filme."

Orgulhoso pelo fato de ter perdido todo o interesse em assistir filmes, eu disse aos outros *brahmacharins* que não iria, que fossem sem mim. A Amma não insistiu para que eu viesse, mas quando o filme acabou, ela me chamou e me deu uma bronca: "Você acha que é um grande asceta? Como você não fez o que lhe disse para fazer, vou assistir a dez filmes com os *brahmacharins*, menos você!" Quando ela disse isso, me dei conta do meu erro. Estivesse eu com vontade de ver filmes ou não, deveria sempre obedecer as orientações de meu guru.

A Amma realmente assistiu a vários outros filmes espirituais com os outros residentes, mas cumprindo suas instruções, me mantive afastado. Entretanto, como sempre, as punições da Amma eram temperadas com doçura. Um dia, ela me chamou até seus aposentos e assistimos a um filme de valores espirituais juntos.

Se passarmos algum tempo na companhia da Amma e nos esforçarmos para seguir seu exemplo e ensinamentos, seremos capazes de cultivar bons hábitos que serão tão difíceis de quebrar quanto nossos velhos maus hábitos foram um dia. Depois de construído nosso manancial de bons hábitos, será difícil voltar aos velhos tempos. Assim, nós podemos aproveitar o poder dos hábitos para nos impulsionar ao longo de nosso caminho espiritual. ❖

Capítulo 12

Atitude e ação

Nós temos que nos preocupar não somente com nossas ações, mas também com a atitude com a qual as efetuamos. Se não forem executadas com a atitude apropriada, até mesmo as ações de adoração poderão aprofundar nossa escravidão ao mundo.

No grande épico indiano "Mahabharata", encontramos cinco irmãos, os Pandavas, que governam o país muito corretamente. Um dia, Bhima, um dos Pandavas, estava dirigindo a distribuição de alimentos aos pobres. Nesse dia, ele convidara os *rishis* (sábios) que viviam na área para a função. Bhima pediu aos *rishis* que supervisionassem a cerimônia de alimentação antes de comerem. O Senhor Krishna também estava presente. Os sábios estavam todos sentados com Krishna, quando Bhima chegou e os convidou a fazerem sua refeição. Os *rishis* hesitaram, porque o Senhor Krishna estava ali. Mas Sri Krishna disse: "Podem ir. Eu também vou me juntar a vocês."

Quando foram para o refeitório, Bhima começou a servir a comida, e todos começaram a comer. Uma grande quantidade de alimento havia sido preparada naquele dia, mas o número de presentes era menor do que o esperado. Estava claro que ia sobrar muito alimento.

Bhima continuava a servir os *rishis*, mesmo depois de terem comido até ficarem cheios. Eles disseram: "Não, não queremos essa quantidade de comida", mas Bhima continuou a servir. Quando os sábios se recusaram a receber mais, ele começou a ficar zangado e chateado com eles e até os ameaçou: "O que faremos com o excesso de comida que preparamos? Peguem mais. Do contrário, estarão desrespeitando o rei", Bhima insistiu.

O Senhor Krishna, que estivera observando o que Bhima fazia, chamou-o. Bhima aproximou-se reverentemente, e Krishna disse-lhe que, em uma floresta ali perto, vivia um grande sábio. "Acabei de encontrá-lo, antes de vir para cá", Krishna lhe contou. "Ele quer dar-lhe algumas instruções. Você precisa ir vê-lo."

Bhima era muito obediente a Krishna, pois sabia que ele era Deus verdadeiramente. Então, foi para a floresta conforme pedido. Mesmo à distância, ele pôde ver o *rishi*, pois raios dourados brilhantes irradiavam de seu corpo. Tremendamente surpreso, Bhima se perguntou: "Quem é esse? Será também um deus?" Estarrecido, ele andou até o sábio dourado. Conforme ia se aproximando, começou a sentir um cheiro terrível. Embora não tolerasse o odor, continuou a chegar mais perto, pois queria prestar seu respeito. Na medida em que a distância diminuía, ele se dava conta de que o odor pútrido na verdade emanava do corpo do sábio. Finalmente, o fedor tornou-se insuportável, e ele deu meia volta e retornou ao palácio. Ele foi direto até o Senhor Krishna e polidamente lhe perguntou por que o havia mandado até o sábio fedorento.

Krishna explicou: "Talvez uma pessoa aguente o cheiro pútrido da carne em decomposição, mas o fedor do ego é ainda pior." Bhima indagou a Krishna o que ele queria dizer. O Senhor esclareceu: "Aquele homem, em seu nascimento anterior, foi um grande rei e ajudou seus súditos imensamente. Alimentava os pobres, cuidava dos órfãos e respeitava e reverenciava os sábios e santos. Mas quando dava algo a alguém, ele esperava que fosse aceito. Se as pessoas não aceitassem o que era dado, ele as forçava a aceitar. Embora estivesse fazendo um bom trabalho, ele o levava a cabo de uma forma egoísta e arrogante. Por causa dos méritos das boas ações que efetuara, renasceu como um sábio. Ainda assim, teve que sofrer os resultados de sua arrogância sob a forma desse odor terrível."

"Da mesma forma, se você força as pessoas a aceitarem sua caridade, mesmo que não queiram, terá que enfrentar as consequências."

Assim, podemos ver que a atitude é muito importante. Mesmo fazendo algo de bom, se não tivermos a atitude certa, não só falharemos em obter os resultados desejados, como também poderemos sair prejudicados.

Existe outra história nos Puranas que mostra como as boas ações podem ter resultados ruins, se não tivermos a atitude correta. Um grande *yagna* (sacrifício) foi feito por Daksha. Ele foi um dos *prajapatis* (progenitores) da humanidade, o que significa que ele deveria tomar conta da humanidade naquela era. Daksha convidou todos os deuses para participarem do *yagna*, exceto o Senhor Shiva, pois não gostava de sua aparência. Com seu cabelo enrolado, cinzas por todo o corpo, serpentes em volta do pescoço, só um pedaço de pele de animal em torno da cintura e um pote de mendicância na mão, Daksha achava que Shiva parecia mais um monge errante do que um deus. O fato da filha de Daksha, Sati, amar Shiva e ter se casado com ele só fazia com que o detestasse ainda mais. Para juntar insulto à ofensa, recentemente Daksha entrara em uma assembleia de *devas* (seres celestiais) e sábios, e todos haviam se levantado para demonstrar respeito por ele. Somente Shiva, que como seu genro deveria respeitá-lo, não se levantara de seu assento. Como retaliação, Daksha estava preparando este *yagna* sem convidar Shiva.

Quando descobriram que ele não havia convidado o Senhor Shiva para o *yagna*, seus ministros e outros seres celestiais o alertaram que Shiva era o maior dos deuses, portanto Daksha deveria demonstrar o respeito apropriado convidando-o. Além disso, os ministros lembraram que Shiva é o primeiro e o mais elevado guru na linhagem de todos os Grandes Mestres. De acordo com a tradição indiana, nenhum trabalho ou adoração pode começar sem antes invocar o guru e, em seguida, Ganesha, mas Daksha estava irredutível.

A filha de Daksha, Sati, soube do grande *yagna* e pediu permissão ao Senhor Shiva para comparecer. Ao que Shiva replicou: "Ele vai lhe tratar mal, porque é minha esposa. Vai ridicularizá-la e tratá-la com desdém. E mais, ele não a convidou, por isso é melhor você não ir."

Sati respondeu: "Eu não preciso de um convite dele, afinal, é meu pai. Ninguém precisa de convite para ir à casa do próprio pai. Depois, eu quero convencê-lo a lhe dar o justo reconhecimento."

Sati foi ao *yagna* contra a vontade de Shiva. Ela entrou no palácio onde todos os deuses e seres celestiais estavam sentados, em torno de uma fogueira imensa, acesa para o *yagna*. Como Shiva havia previsto, quando Daksha viu Sati, foi pouco respeitoso. Ele começou a falar mal do Senhor Shiva, dizendo: "Seu marido nada mais é do que um mendigo e um louco. Será porque nada possui além de um pote de mendicância que fica vagando pelo cemitério? Ele só serve para fazer companhia aos mortos." Daksha continuou a insultar Shiva, e Sati não pôde aguentar mais. Com seus poderes yóguicos, Sati fez nascer um fogo em seu interior e abriu mão de seu corpo.

Quando Shiva soube que Sati tinha deixado o corpo, ficou furioso. Convocou seu exército e o enviou para o local do sacrifício, onde seus homens mataram Daksha e destruíram todo o *yagna*. Temendo a ira de Shiva, todos os outros *devas* fugiram para salvar suas vidas.

Mais tarde, por compaixão, Shiva trouxe Daksha de volta à vida, substituindo sua cabeça ferida pela de um bode. Finalmente, Daksha se deu conta de seu erro e orou a Shiva por perdão. Embora estivesse conduzindo um grande *yagna*, que era considerado uma das ações mais corretas, teve uma atitude errada que gerou guerra e destruição[1].

Mesmo um ato de adoração, se for destituído de humildade e devoção, pode trazer calamidade.

Agora, tomemos o exemplo da guerra do "Mahabharata". Por conta das ações dos injustos Kauravas, que estavam destruindo a harmonia no país, depois de se esgotarem todos os outros métodos de diplomacia, o Senhor Krishna finalmente aconselhou Arjuna e os justos Pandavas a retaliarem com uma guerra contra os Kauravas. Neste combate, seguindo as orientações do Senhor Krishna, Arjuna matou centenas de milhares de pessoas, inclusive seus parentes próximos, com o objetivo de restaurar a justiça e a harmonia no mundo. Embora Arjuna não quisesse lutar nessa guerra, ele se entregou ao Senhor Krishna e obedeceu-o sem reservas. Assim, enquanto o sacrifício de Daksha terminou em guerra, a guerra de Arjuna se converteu em sacrifício, uma oferenda a Deus, tudo devido à atitude de quem executava a ação.

Muitos de nós adoramos e servimos a Amma, mas nem sempre o fazemos com a atitude correta. Lembro-me de um incidente engraçado. Certa vez, quando a Amma estava dando *darshan*,

---

[1] Existe muito simbolismo nessa história. O casamento de Sati com Shiva representa sua aceitação de um mestre espiritual, o que geralmente não agrada aos pais, que têm expectativas materialistas para seus filhos. O auto-sacrifício de Sati também nos ensina que, quando dedicamos nossa vida em prol de uma meta espiritual, não devemos permanecer apegados a nada. A Amma nos dá o exemplo da tentativa de remar um barco sem desamarrá-lo do cais. Nunca alcançaremos a outra margem desse jeito. E ainda mais, não devemos nunca desobedecer o conselho do guru (como Sati desobedeceu a Shiva quando compareceu ao *yagna*), ainda que algumas vezes seja contra nosso desejo. Daksha representa o ego que espera receber respeito de todos, inclusive dos Mestres Realizados. Quando as expectativas não são cumpridas, a raiva e a inveja se seguem. A morte de Daksha simboliza a destruição do ego, enquanto a cabeça nova é o renascimento espiritual. Quando o ego se vai, todas as hostilidades desaparecem, e cada palavra proferida torna-se uma oração.

estava tão quente que uma devota pediu permissão para abaná-la. A devota já estava abanando a Amma por algum tempo quando outra chegou e pediu uma oportunidade de abaná-la também. A primeira devota foi categórica: "Não, a Amma deu permissão a mim somente para fazê-lo. Não vou dar a vez a você." A segunda devota esperou por algum tempo, mas a outra não cedeu. Finalmente a segunda devota pegou outro abano e começou a abanar a Amma. A primeira devota tentou dar mais ar à Amma do que a segunda, por isso começou a abanar mais vigorosamente. Com isso, iniciou-se uma competição. Cada uma tentava superar a outra ao abanar a Amma.

Finalmente, a Amma sentiu-se sufocada e disse: "Parem! Parem! Eu não quero que ninguém me abane." Ou seja, elas estavam prestando um serviço pessoal a Amma, porém sua atitude havia sido de competição. Por causa de suas atitudes, seus serviços se transformaram em um aborrecimento para a Amma.

Qualquer um que passe algum tempo com a Amma terá uma oportunidade de prestar serviço pessoal a ela, como colocar o *prasad* na mão dela enquanto ela o distribui para os devotos ou ajudar na fila do *darshan*. Existem também ilimitadas oportunidades de participar das atividades espirituais e humanitárias do *ashram*. A Amma cria estas oportunidades a fim de que possamos estar perto dela e também para que nos tornemos aptos para receber sua graça. Somos incrivelmente afortunados por termos estas chances, mas na maior parte do tempo, por causa de nossas negatividades, não recebemos o benefício completo que elas nos oferecem.

A Amma conta uma história sobre este assunto. Havia dois discípulos e um guru. Esses discípulos eram sempre muito competitivos com relação ao serviço ao guru. Se ele pedia a um discípulo para fazer alguma coisa, o outro ficava enciumado e começava uma briga ou criticava o companheiro que recebera a chance de servir ao guru. O sábio frequentemente os aconselhava a livrarem-se de seus sentimentos de competição e ciúme, mas eles não escutavam suas palavras. Finalmente, o guru decidiu: "Quando for pedir algum trabalho, vou dividi-lo entre eles. Pedirei a cada um que faça metade do serviço, de forma que não haja nenhuma competição ou raiva entre eles. Se eu pedir a um deles que me traga algo para beber, na vez seguinte, pedirei ao outro."

Certo dia, as pernas do guru estavam doendo, e ele decidiu pedir a um dos discípulos que lhe fizesse massagem. Mas logo pensou: "Não, se eu chamar um discípulo, o outro ficará zangado. Melhor eu chamar os dois." Então, o guru requisitou os dois discípulos e pediu a um que massageasse sua perna direita e ao outro que massageasse sua perna esquerda.

Os discípulos ficaram muito felizes, pois cada um massageava uma perna. Mas, o guru pegou no sono e quis virar de lado. Estava deitado sobre as costas e quis virar-se para à direita, portanto levantou a perna esquerda e a colocou sobre a perna direita. O discípulo que estava massageando a perna direita levantou o rosto e disse para o outro: "Esse é o meu território. A perna que você está massageando não pode vir para cá." Ele pensou que o outro estava colocando a perna do guru naquele lugar.

O outro discípulo não disse nada, porque sabia que havia sido o mestre que pusera a perna ali. Ele continuou a massagear a perna esquerda, embora estivesse sobre o território do primeiro discípulo. Então, o primeiro exclamou: "Eu lhe disse para não colocar a perna aqui. Este é o meu lado. Tire-a daqui." Dizendo isso, ele empurrou a perna esquerda de volta para o lado esquerdo. O outro discípulo disse: "Como pode fazer isso? Essa é a perna do guru!" E por sua vez, ele a empurrou de volta para o lado direito. Eles continuaram a empurrar a perna do mestre para cá e para lá até que o primeiro discípulo perdeu a paciência. Pegando um grande pedaço de pau, deu uma pancada na perna esquerda.

Nessa situação quem está realmente sofrendo? Os discípulos estavam prestando serviço pessoal ao guru, mas por causa de ciúme e possessividade, o guru teve que sofrer. Foi isso o que aconteceu com a Amma quando as duas devotas estavam competindo para ver quem abanava melhor. O guru está sempre despejando sua graça sobre nós, mas precisamos ser receptáculos apropriados para esta graça, a fim de recebê-la. Com a atitude correta, quase qualquer ação pode nos aproximar de Deus, enquanto que mesmo a mais justa ação executada com a atitude incorreta pode impedir a graça de Deus de chegar até nós.

Por exemplo, as escrituras dizem que não é errado contar uma mentira, se o motivo for poupar os sentimentos de alguém. Durante a turnê pelo sul da Índia em 2004, a Amma visitou Rameshwaram, em Tamil Nadu, no extremo sul da Índia. Um grupo de rapazes veio para o *darshan* da Amma. O líder do grupo falou em voz alta: "Amma, a senhora lembra-se de mim?" Antes que ela pudesse responder, ele continuou: "Amma, fui seu colega de classe na oitava série!" Todos nós que estávamos perto dela sabíamos que não era verdade. Este homem parecia no mínimo vinte anos mais jovem do que ela. Ele virou para seus amigos e disse: "Amma e eu fomos colegas de classe na escola da nossa cidade." Todos nós esperávamos que ela o corrigisse. Em vez disso, ela confirmou sua declaração e disse, "Sim, sim!" e o abraçou amorosamente.

Queríamos perguntar a Amma sobre a estranha resposta, mas a multidão era tão grande que não tivemos oportunidade. Mais tarde, ela explicou: "A Amma nunca foi à escola da cidade daquele rapaz. A Amma só estudou na escola em Kuzhitura (uma vila perto do *ashram*) e só estudou até a quarta série[2]. Ainda assim, a Amma não quis dizer àquele rapaz que estava errado. Ele provavelmente quis mostrar aos seus amigos que fora muito íntimo da Amma

---

[2] A Amma deixou a escola com a idade de nove anos a fim de cuidar das necessidades da família, pois sua mãe ficara doente.

desde sua infância. Se a Amma o tivesse corrigido na frente dos amigos, teria causado uma cicatriz muito funda em seu coração. Em vez de carregar um coração pesado, a Amma queria que ele carregasse doces lembranças do *darshan*."

Como sempre, as ações da Amma estavam em perfeita sintonia com as escrituras. Existe uma frase nos Vedas, "*Satyam bruyat, priyam bruyat, na bruyat satyampriyam*", que significa: "Diga a verdade. Diga somente palavras agradáveis. Não diga palavras desagradáveis, mesmo que sejam verdade."

Portanto, não podemos dizer que falar a verdade seja sempre uma boa ação e que dizer uma mentira seja sempre uma má ação. Se a nossa intenção for ferir alguém falando a verdade, esta se tornará uma má ação. Se nossa intenção for proteger alguém dizendo uma mentira, então será uma boa ação.

Tudo depende de nossa atitude ou intenção - se vamos criar um bom *prarabdha* ou um mau *prarabdha*, se nossas ações vão ajudar ou atrapalhar nossos esforços para nos tornarmos aptos a receber a graça do guru. ❖

Capítulo 13

Egoísmo e altruísmo

U ma atitude altruísta sempre traz a Amma mais para perto de nós. Toda terça-feira, em Amritapuri, os residentes do *ashram* passam a manhã em meditação, e a Amma vem para o salão de orações para servir o almoço. A multidão é bem grande, a Amma serve bem mais de dois mil pratos. Certa vez, quando foi receber o *prasad* da Amma, um devoto acidentalmente derrubou o prato aos pés dela. O prato virou e despejou arroz e *curry* no chão. Como ainda tinha bastante gente esperando para receber comida da Amma, comecei a limpar a bagunça para que as pessoas não pisassem na comida. Entretanto, como estava limpando a sujeira com minhas mãos nuas, me ocorreu que, se elas ficassem sujas, teria que lavá-las antes de receber o *prasad*. E se eu saísse para lavar as mãos, talvez a Amma pedisse a outra pessoa para se sentar ali e eu perderia meu lugar. Pensando dessa forma, parei de limpar a bagunça.

Enquanto isso, outro *brahmacharin* ajoelhou-se e limpou o chão completamente, também com as mãos. Depois que ele terminou de limpar, embora suas mãos estivessem sujas, ele não saiu para lavá-las. Simplesmente ficou de pé perto da Amma e observou-a continuar a dar o *prasad*. Quando chegou sua vez de receber o *prasad*, ele pegou o prato e se virou para sair. Amma o deteve e pediu que se sentasse perto dela. Então, ela pediu que todos comessem. Quando este *brahmacharin* estava prestes a começar a comer, Amma pegou sua mão e disse: "Meu filho, suas mãos estão sujas." Ela pegou uma jarra de água e lavou suas mãos. Depois, ela o alimentou com alguns bocados de comida com suas próprias mãos.

Quando vi isso, me dei conta que havia cometido um erro. Eu pensara apenas em mim. O outro *brahmacharin* pensara somente em servir a Amma e aos devotos ao limpar a bagunça. Embora eu tenha começado a prestar auxílio limpando o chão, meu egoísmo fora maior do que minha atitude de serviço. Eu tinha sido motivado pelo desejo de permanecer perto da Amma. O outro *brahmacharin,* ao não pensar primeiro em si mesmo, fora capaz de chegar ainda mais perto dela. Quando estes pensamentos despontaram em minha mente, a Amma olhou para mim e sorriu matreira.

Nós temos muitas oportunidades de receber a graça da Amma. Infelizmente, na maioria das vezes, em razão de nosso egoísmo e de nosso ego, jogamos fora estas chances.

Certa vez, um homem caiu numa vala profunda e não conseguia sair. Depois de muito tempo, um passante ouviu seus gemidos e olhou pela beirada da vala. "Ajude-me! Caí dentro dessa vala e não consigo sair!", exclamou o homem dentro da vala. O passante simplesmente comentou: "É seu *prarabdha*. Você deve enfrentar as consequências de suas ações", e continuou em seu caminho.

Depois de mais algum tempo, outra pessoa aconteceu de encontrar o homem na vala. "O que houve com você?", o transeunte perguntou. "Eu passava por aqui e cai na vala", o homem resmungou.

"Não viu o cartaz de aviso colocado aqui na beira da estrada? Seja mais cuidadoso no futuro!", advertiu e continuou em seu caminho. Um pouco mais tarde, outra pessoa passava perto da vala. Ouvindo os gritos, olhou para baixo. A terceira pessoa nem sequer perguntou o que havia acontecido. Simplesmente pulou para dentro da vala, levantou o homem caído sobre seus ombros e o carregou para fora.

Estes três passantes ilustram as três formas como podemos reagir ao sofrimento dos outros. Quando vemos alguém sofrendo, podemos simplesmente dizer que é seu *prarabdha* e deixar que a pessoa lide com aquilo sozinha. Outra possibilidade é oferecer conselho e apontar seu erro. Por fim, podemos assumir seu sofrimento como se fosse nosso e fazer o que for necessário para melhorar a situação. A maioria de nós responderá como em uma das duas primeiras opções. A terceira é a forma de agir da Amma.

Que todos nós tenhamos a aspiração de desenvolver um coração transbordante de compaixão, de maneira que também possamos ver o sofrimento dos outros como nosso. Essa atitude nos beneficiará espiritualmente e poderá até transformar a sociedade e o mundo.

A Amma diz: "Aqueles que amam Deus, certamente terão compaixão pelos que sofrem. A devoção e o serviço altruísta não são dois, mas um. São as duas faces da mesma moeda."

Certa vez, levei o ônibus do *ashram* (naquele tempo só havia um) a uma oficina para que fosse concertado antes que rumássemos para uma turnê em Kerala. Inesperadamente, o reparo levou um dia inteiro e tive que pernoitar no local. Deitei-me no ônibus, mas não fui capaz de dormir, pois o trabalho de reparo continuava noite adentro. Finalmente, no entardecer do segundo dia, dirigi de volta para o *ashram*. Quando cheguei, vi que a Amma e os *brahmacharins* já tinham cruzado o rio e estavam esperando pelo ônibus, pois tínhamos combinado de sair naquela tarde.

Como não tinha comido, dormido ou tomado banho desde que deixara o *ashram* na manhã do dia anterior, eu devia estar aparentando cansaço e desgaste. A Amma se aproximou e me perguntou o que causara o atraso. Eu expliquei o que acontecera e depois fui dar a partida no ônibus de forma que pudéssemos sair imediatamente. A Amma me chamou de volta e se moveu para me dar um abraço. Eu disse a ela: "Por favor, não me toque.

Não tomei banho e estou fedendo a suor." Ela não deu ouvidos aos meus protestos e, colocando seus braços em torno de mim, disse: "O suor do serviço desinteressado é como um perfume para mim." Então, ela pediu a outro *brahmacharin* que dirigisse o ônibus e deixou que eu sentasse ao lado dela até que parássemos para jantar.

A Amma não quer nada de nós em troca do carinho e do amor que ela oferece aos outros, mas ela ficaria feliz se nós fizéssemos nossa parte em ajudar os outros. Podemos fazê-lo através do trabalho altruísta para aliviar o sofrimento dos pobres e dos necessitados. Atualmente, o mundo precisa de pessoas sinceras e altruístas. Do contrário, haverá somente mais sofrimento e problemas. Sobre este mesmo tema, eu me recordo de uma declaração do antigo primeiro-ministro da Índia, Atal Behari Vajpayee, na inauguração do hospital especializado da Amma (AIMS). Ele disse: "O mundo de hoje precisa de provas de que nossos valores humanos são úteis, de que qualidades como compaixão, altruísmo, renúncia e humildade têm o poder de criar uma sociedade grande e próspera. O trabalho da Amma nos dá essa prova tão necessária."

A Amma não espera que nós façamos algo além de nossa capacidade. Ela não espera que um peixe carregue uma carga pesada como faz uma mula, nem espera que uma mula nade no mar. Ela só espera que vivamos como seres humanos cheios de compaixão, amor e atenção ao próximo. ❖

Capítulo 14

Satsang: o primeiro passo na vida espiritual

O primeiro passo na vida espiritual é o *satsang*. *Sat* significa Verdade Suprema e *sang* significa associação. Portanto, no real sentido do termo, *satsang* significa associação com a Verdade ou estar em comunhão com a Verdade. Entretanto, como a maioria de nós não é capaz de fazer isso, a melhor forma de *satsang* é estar em associação com alguém que habite na Verdade. Se não nos for possível passar algum tempo na companhia de um mestre realizado, deveríamos, pelo menos, tentar nos associar com pessoas que estejam voltadas para a espiritualidade. Em sua presença, seremos capazes de pensar em Deus e de nos lembrar do objetivo da vida. É por isso que a Amma pede a todos os seus devotos que se reúnam em intervalos regulares para louvar a Deus, recitar os nomes divinos, meditar, orar, ler livros espirituais e ter conversas espirituais. Isso também é chamado de *satsang*.

Sempre que participamos de qualquer forma de *satsang* com sinceridade e concentração, somos capazes de criar vibrações positivas dentro de nós. Existem tantas atrações e distrações no mundo que, quando nos entregamos aos vários passatempos atuais, trazemos para nossa mente muita turbulência e nos tornamos agitados e tensos. O *satsang* nos ajuda a manter a mente acima dessas atrações e distrações e, portanto, relativamente calma e pacífica.

Existe uma história popular a respeito do pintor Leonardo Da Vinci, cuja pintura mais famosa é "A Última Ceia". A história conta que, quando Da Vinci decidiu retratar a última ceia, ele enviou pessoas para os quatro cantos do planeta na esperança de encontrar alguém cuja aparência em geral lembrasse a de Jesus, pois queria pintá-lo primeiro.

Os representantes de Da Vinci trouxeram um candidato perfeito, um jovem rapaz bonito, garboso e de boas maneiras. Da Vinci usou o rapaz como modelo para Jesus e ficou muito satisfeito com o resultado. Depois, continuou pintando cada um dos discípulos, seguindo os modelos de outros onze homens que seus enviados lhe trouxeram. Vários anos já haviam se passado desde que começara a pintura e faltava somente um discípulo a ser retratado. Este era Judas, o discípulo que traiu Jesus por apenas trinta peças de prata.

Uma vez mais, o artista enviou uma equipe de busca. Desta vez, sua tarefa era encontrar um homem cuja aparência cruel e jeito de marginal fossem adequados para retratar Judas. Finalmente, eles trouxeram um homem cuja aparência era um testemunho de anos de raiva, ódio e egoísmo. Da Vinci ficou satisfeito e começou a pintar o último discípulo. Foi aí que o homem que ele escolhera para retratar Judas começou a chorar incontrolavelmente. Da Vinci parou de pintar e perguntou-lhe por que estava chorando.

O homem olhou para o artista e indagou: "Não me reconheces?"

Da Vinci olhou mais de perto, mas não pode reconhecê-lo. "Tenho certeza de que nunca o vi antes", disse desculpando-se.

"Olhe para sua própria pintura. Eu sou o mesmo homem que escolheu para retratar Jesus, anos atrás."

Da Vinci observou mais de perto e viu que era verdade. Por causa dos anos que passou em más companhias e executando ações egoístas e nocivas, o mesmo homem que representara Jesus tão bem agora era o perfeito modelo para o homem que traíra Jesus.

Dependendo das companhias que escolhemos ou das associações que fazemos, naturalmente desenvolvemos qualidades correspondentes. É por isso que a Amma coloca tanta importância no *satsang*. Ela dá o seguinte exemplo: na Índia, você encontrará certos templos onde os papagaios cantam os nomes divinos tais como "Ram, Ram, Ram" ou "Hare, Hare, Hare" ou mantras como "Om Namah Shivaya". Um papagaio, morando perto do templo, será capaz de cantar estes nomes e mantras divinos, porque ouve os devotos cantando quando visitam o templo. Ao mesmo tempo, se um papagaio vive perto de uma loja de bebidas ou de um bar onde as pessoas bebem e xingam, o papagaio irá repetir estas palavras.

As pessoas têm graus variados de inclinação espiritual. Quando uma pessoa, com um mínimo interesse em espiritualidade, participa de alguma forma de *satsang*, essa centelha de interesse pode ser avivada. A Amma diz que os maus hábitos são como o fogo selvagem, eles se espalham rapidamente, enquanto os bons hábitos levam um tempo maior para deixarem sua marca. Se formos complacentes com algum mau hábito por três ou quatro vezes, ficaremos totalmente escravizados por ele. Por exemplo, se bebermos café quatro dias seguidos, no quinto dia ficaremos com dor de cabeça se não tomarmos café. Contudo, quando se fala de bons hábitos, como manter um horário regular para a prática espiritual ou sempre usar palavras gentis, não tentamos seriamente colocá-los em prática, mesmo que nos falem de sua importância uma centena de vezes. E certamente não teremos dor de cabeça se não o fizermos!

Nossos desejos e apegos sempre nos puxarão de volta para os assuntos materiais. Por isso, a mente precisa de algo para elevá-la.

A Amma costuma nos dar o seguinte exemplo: quando um satélite é lançado no espaço, no primeiro estágio é levado somente para uma órbita em torno da Terra. Para superar a força da gravidade, é preciso outro foguete propulsor. Similarmente, nossa mente está presa em uma órbita em volta do ego. Se quisermos nos libertar, também precisamos de um foguete propulsor, um mestre espiritual. O mestre nos puxará para longe da força atrativa do ego e nos levará direto até Deus. Com todos os obstáculos de nosso caminho removidos, seremos capazes de transcender as limitações e alcançar a verdadeira libertação.

Muitos de nós não éramos atraídos pela espiritualidade antes de encontrarmos a Amma e, depois de conhecê-la, despertamos nosso interesse pela prática e vida espiritual. Contudo, quando algo desafortunado acontece em nossas vidas, é comum perdermos o interesse na espiritualidade tão repentinamente quanto o adquirimos. Podemos também esquecer tudo sobre a espiritualidade quando as coisas estão indo extremamente bem, achando que não precisamos mais da ajuda de Deus. Nesse momento, precisamos ser lembrados de que é somente por causa da graça de Deus que estamos tão bem. Assim, precisamos do *satsang* tanto para fomentar nosso interesse em espiritualidade quanto para mantê-lo no longo prazo.

Amma dá o seguinte exemplo: se jogarmos um pedaço de ferro na água, ele afundará, mas se montarmos aquele mesmo pedaço de ferro sobre uma base flutuante, tal como um bloco de madeira, ele flutuará. Da mesma forma, o satsang pode ajudar a evitar que nossa mente fique totalmente mergulhada nas atrações e distrações do mundo (talvez nos molhemos, mas não afundaremos). Isso se torna muito mais fácil quando temos um *satguru*. Por meio do amor e da compaixão incondicionais do *satguru* e ao observarmos seu exemplo, somos capazes de superar muitos de nossos desejos e apegos egoístas. Quem acompanha a Amma pode entender esta afirmação a partir de sua própria experiência. Existem incontáveis exemplos de pessoas que renunciaram à sua atração por objetos materiais depois de conhecerem a Amma. Em vez de perseguirem o reconhecimento e bens terrenos, elas agora passam seu tempo livre fazendo práticas espirituais e servindo aos outros.

O grande mestre Adi Shankaracharya afirmou:

satsangatve nissangatvam
nissangatve nirmohatvam
nirmohatve niscala tatvam
niscalatatve jīvan muktiḥ

Por meio do satsang seremos capazes de superar nossos apegos. Ao superar nossos apegos, superamos a ilusão que os objetos do mundo podem nos trazer a felicidade duradoura. Quando superamos esta ilusão, a mente se torna calma e quieta. Esta quietude da mente nos libera da escravidão enquanto vivemos neste corpo.

Durante o *satsang*, além de orar e meditar, discutem-se assuntos e princípios espirituais. Essa prática nos ajuda a entender a natureza do mundo e de seus objetos. Começamos a analisar o mundo racionalmente e nos conscientizamos de que somos apegados a muitas pessoas e coisas do mundo. E cada vez que uma dessas pessoas ou objetos muda ou nos abandona, sofremos. Quando começamos a compreender que Deus é eterno e que tudo o mais irá desaparecer um dia, somos capazes de desenvolver uma atitude de desapego com relação a tudo, exceto Deus ou o *Atman*.

Com desapego, somos capazes de superar a fantasia ou a ilusão de que "não posso ser feliz sem determinado objeto, pessoa, realização, etc.". Se nos desapegarmos dessas coisas, pararemos de persegui-las e assim superaremos a ilusão. Por exemplo, um fumante inveterado visita a Amma pela primeira vez. Ele recebe o *darshan* e depois fica sentado perto dela por longo tempo. Quando deixa a companhia da Amma, se dá conta de que três horas já se passaram. Normalmente, ele teria fumado seis cigarros naquele período de tempo e teria ficado bastante agitado se não tivesse a chance de fumar. Entretanto, o pensamento de fumar um cigarro não ocorreu a ele nem uma vez enquanto estava sentado perto da Amma e, na verdade, sente-se mais feliz do que o usual. Com isso, ele se conscientiza de que está errado em acreditar que precisa de cigarros para ser feliz. Graças ao *satsang* com a Amma, ele consegue se desapegar do cigarro e supera a ilusão de que precisa fumar para ser feliz.

Antes de vir ao *ashram*, a ambição de um dos *brahmacharins* era ser astro de cinema. Ele achava que, se não pudesse se tornar um ator famoso, sua vida seria desperdiçada. Ele na verdade procurou a Amma para pedir-lhe suas bênçãos a fim de alcançar seu objetivo. Quando encontrou a Amma, ficou encantado com seu amor e permaneceu no *ashram* por mais alguns dias. Quando voltou para casa, viu que seu desejo de estar perto da Amma era tão grande que retornou ao *ashram* e nunca mais voltou para casa. Seu desejo de se tornar um astro de cinema desmantelou-se completamente. Através de seu amor pela Amma, se desapegou do mundo e foi capaz de superar sua noção ilusória de felicidade e satisfação.

Quando estas ilusões desaparecem, nossa mente fica relativamente quieta e pacífica. Quando estamos iludidos, pensamos que um determinado objeto nos dará felicidade e lutamos para consegui-lo. O conflito agita nossa mente, quer consigamos o objeto ou não. Quando estamos livres dessa ilusão, nossa mente descansa, fica calma e quieta.

Com uma mente assim, em paz e sossego, somos capazes de conseguir a concentração em um só ponto durante nossas práticas espirituais, o que nos leva, em última instância, ao estado de *jivanmukti* (liberação ainda vivendo em um corpo). Nesse estado, não somos influenciados por nada. Sem a ajuda de nenhum objeto ou pessoa externos, nos sentimos totalmente felizes e satisfeitos. Alcançamos o sucesso supremo. A Amma tem outro exemplo com papagaios. Suponha que treinemos um papagaio para dizer mantras. Ele os repetirá, mas o que acontecerá se o soltarmos e um gato o pegar? O papagaio não dirá mantras naquele momento! Em vez disso, dará alaridos como um papagaio. Isto acontece porque os mantras não alcançaram o fundo de seu coração. Da mesma forma, o *satsang* tem que ser frequentado com o coração aberto, para a pessoa receber os benefícios desejados. A Amma sempre diz que, da mesma forma que uma pessoa que visita uma fábrica de perfumes sai exalando uma fragrância, embora não tenha comprado ou aplicado nenhuma essência, ninguém retorna da companhia de um *Mahatma* sem se beneficiar pelo menos um pouco. Entretanto, quando somos receptivos e livres de noções preconcebidas, podemos nos beneficiar muito mais. As sementes da graça não podem brotar nas rochas do ego, mas, no solo fértil de um coração de criança, elas crescerão e produzirão uma colheita abundante.

Como aspirante espiritual, tente participar de um *satsang* com a maior frequência possível. ❖

Capítulo 15

Peregrinação ou piquenique

Na Índia, muitas pessoas partem em peregrinação em algum momento de suas vidas. Sob determinado aspecto, a peregrinação pode também ser considerada um *satsang*, já que a jornada em direção a um lugar sagrado ajuda a pessoa a manter sua mente focada no objetivo espiritual.

Na verdade, peregrinar é muito simples: significa viajar para um templo ou para um lugar sagrado e retornar. Hoje em dia, no entanto, os peregrinos encontram muitas atrações em seus trajetos. Eles passam por bons restaurantes, bons hotéis, cinemas, centros comerciais, talvez até por um circo ou um show de mágica. Se os peregrinos não estiverem atentos, poderão se distrair com essas atrações e até esquecer o verdadeiro propósito de sua jornada – que deixará de ser uma peregrinação e vai se tornar um piquenique de férias.

Um dos devotos da Amma me contou uma história. Um amigo dele partiu em peregrinação a um renomado templo a Shiva no norte da Índia. Esse devoto foi visitá-lo depois disso. Quando o devoto chegou à casa do amigo que fizera a peregrinação, viu uma foto em tamanho natural de seu anfitrião montado em um camelo. O devoto perguntou a seu amigo: "O que é isso? Onde você montou em um camelo?"

"Quando eu visitei o templo de Shiva," o amigo respondeu.

O devoto perguntou: "Você precisou partir em uma peregrinação para montar um camelo? Poderia ter feito isso na vila vizinha." Seu objetivo fora prestar uma homenagem ao Senhor Shiva e retornar. Ao invés de adquirir uma imagem do senhor Shiva, o homem comprou uma enorme foto sua sobre um camelo.

Percebem como a mente se distrai? Os comerciantes entendem a natureza da mente, sabem que até mesmo as pessoas que partem em uma peregrinação não estão totalmente focadas em Deus. Assim, vemos as pessoas lucrando de várias formas – desde passeios com elefantes, cavalos e camelos a restaurantes sofisticados, hotéis luxuosos, pizzarias e até centros de videogames - nos destinos mais sagrados de peregrinação e nos templos de adoração da Índia.

Naturalmente que somos atraídos por essas oportunidades. "Puxa! Nunca passeei de camelo antes, então vou aproveitar esta chance", pensamos. Mesmo que façamos uma peregrinação, nós não conseguimos nos concentrar no objetivo da viagem.

Há muitos anos, para atender os desejos de alguns *brahmacharins*, a Amma nos levou em uma peregrinação a Tiruvannamalai, um lugar sagrado em Tamil Nadu. Este era o lugar do monastério de Sri Ramana Maharshi e da montanha sagrada de Arunachala. Lá permanecemos por dois dias. No primeiro dia, como de costume, nos levantamos antes do amanhecer e fizemos nossas preces e meditação matinais. A Amma nos levou a conhecer o templo e o alto da montanha. Quando retornamos, ela foi para o quarto e nos deixou a sós, já que estávamos cansados da jornada montanha acima. Após uma boa refeição, passamos a tarde conversando e descansando sem fazer nossas práticas espirituais. Naquela noite, depois dos *bhajans* noturnos, a Amma nos perguntou como havíamos gasto nosso tempo naquele dia. Como não havíamos feito nada de importante, não pudemos dar uma resposta satisfatória. Depois de ouvir nossa resposta, a Amma retornou ao seu quarto sem pronunciar uma palavra.

Na manhã seguinte, nos levantamos de novo na hora habitual. Normalmente, a primeira coisa que fazíamos ao acordar era tomar banho – de acordo com a tradição, deve-se tomar banho antes das preces matinais. No entanto, por causa da preguiça, alguns hesitaram em tomar banho. Mesmo não estando muito frio, nos convencemos de que estava muito frio para um banho.

Naquele momento, ouvimos alguém gritando que a Amma estava saindo. Olhamos para fora e avistamos Amma se dirigindo para a estrada em direção à Arunachala com o Swami Paramatmananda a seu lado. Ele nos olhou e nos disse que Amma ia contornar a montanha.

Embora alguns de nós estivéssemos com preguiça poucos momentos antes, quando descobrimos que a Amma já estava de partida, tomamos rapidamente um banho frio e corremos até ela.

Em seu caminho ao redor da montanha, a Amma parou diante de cada santuário e caverna e nos pediu que recitássemos "Om" três vezes. Em alguns lugares, ela também nos pediu para que sentássemos e meditássemos. Normalmente, leva-se de uma a uma hora e meia para dar a volta na montanha, mas nós levamos seis horas. Passamos o resto do dia em meditação e cantando *bhajans*. Mais tarde, a Amma nos disse que, se ela não houvesse saído naquela manhã, teríamos perdido igualmente o segundo dia de peregrinação. Com seu exemplo, a Amma estava nos mostrando a maneira apropriada de nos comportarmos durante uma peregrinação.

Devemos ser muito cuidadosos e estar muito alertas até mesmo em práticas aparentemente simples como uma peregrinação, pois um pequeno descuido pode destruir o propósito. O que dizer então de práticas mais sutis como a meditação? Nós devemos estar vigilantes. Para um aspirante espiritual, é melhor se afastar de distrações e diversões sempre que possível.

Em Kerala, existe um templo famoso chamado Sabarimala, situado no meio de uma floresta. A floresta abriga vários animais selvagens, como tigres, elefantes e ursos. Até 30 anos atrás, era um caminho muito perigoso. Agora, construíram uma estrada cortando a floresta, e a jornada é bem menos perigosa. O templo é dedicado ao senhor Ayyappa. Como parte da tradição do templo, os devotos que desejam fazer a peregrinação até Sabarimala devem observar votos rígidos pelos 41 dias anteriores à data de início da jornada. Durante este tempo, devem cumprir o celibato e se abster de fumar, beber e comer carne. Antigamente, os peregrinos faziam o trajeto descalços e tinham que cozinhar sua comida e até dormir na beira da estrada. Eles ficavam à mercê da natureza. Se estivesse chovendo, eles se encharcavam na chuva; se fizesse um dia de muito calor, eram queimados pelo sol. Eles também tinham que carregar na cabeça um pacote com coco, *ghee* e arroz para oferecer a Deus em cerimônia no templo. Se não tivessem essa oferenda, ou *irumudi*, não eram admitidos no templo. Essas austeridades (*tapas*) eram formas de expressar sua devoção a Deus. Quando chegava a hora de retornar, tinham conquistado mais energia espiritual por abrir mão do conforto e seguir uma disciplina tão rigorosa.

Hoje em dia, muitos não seguem estritamente todas essas disciplinas e não observam os votos por 41 dias. Ao invés de percorrerem o caminho a pé, a maioria prefere andar ônibus. Se você não possuir o *irumudi*, não poderá subir os 18 degraus sagrados de acesso à entrada principal do templo, mas poderá entrar pelos acessos laterais ou pelos fundos. Muitas pessoas hoje preferem tomar esses atalhos. Com isso, no entanto, grande parte do propósito da peregrinação se perde. Além do destino, o esforço que colocamos e a disciplina que observamos durante o caminho são muito importantes. Isso é o que nos dá força espiritual e nos ajuda a merecer a graça divina. Nós não podemos simplesmente dirigir até Sabarimala e entrar pela porta dos fundos, esperando receber os mesmos benefícios daqueles que partiram verdadeiramente em peregrinação.

A Amma conta a seguinte anedota: um menino chegou da escola um dia com um grande sorriso. O pai logo perguntou: "O que aconteceu na escola hoje? Por que você está tão feliz?" O garoto respondeu: "Hoje foi feita uma competição atlética em nossa escola. Eu terminei a corrida de 400 metros em 20 segundos."

"O que? O recorde mundial é quase isso! Como você pode correr 400 metros em somente 20 segundos?"

"Peguei um atalho," o garoto respondeu.

Se o garoto pegou um atalho, como pode chamar a corrida de 400 metros? Da mesma forma, se não seguirmos as devidas disciplinas, o verdadeiro espírito da peregrinação é destruído. O propósito de uma peregrinação é ganhar a graça divina, mas até mesmo para isso nós queremos tomar um atalho. Na verdade, não existe atalho para receber a graça divina.

Uma vez, um devoto teve uma visão de Deus. Quando avistou Deus, agradeceu por ter aparecido e entoou suas preces. Deus permaneceu diante dele por um longo tempo. O devoto teve a oportunidade de esclarecer todas suas dúvidas e questões de fé. Ainda assim, Deus não saiu dali. Então o devoto pensou em perguntar sobre o reino de Deus: "Ó, Senhor, como é o tempo no Céu?"

Deus sorriu e respondeu: "Um milhão de anos na Terra equivalem a somente um minuto no Céu."

O devoto ficou assombrado e se aventurou a fazer outra pergunta: "Ó Senhor, qual é o valor do dinheiro no Céu?"

"Um dólar em Meu reino equivale a um milhão de dólares na Terra," Deus disse ao devoto.

O devoto não podia acreditar no que ouvia e pensou em uma última pergunta: "Ó, Senhor misericordioso, se é assim, o Senhor poderia me dar, por favor, um dólar do Céu?"

"Certamente," Deus respondeu, "espere só um minuto".

Amma sempre diz que a graça de Deus só pode ser conquistada por meio do esforço sincero. Para muitas pessoas, uma viagem para o *ashram* da Amma é uma longa jornada de aviões, trens, automóveis. Além disso, a vida no monastério pode não ser tão confortável como a vida com que estão acostumados em casa.

Hoje em dia, há todas as necessidades básicas no monastério e até acesso a e-mail. No início, porém, a situação era bastante diferente. Mal tínhamos eletricidade. Não havia água encanada, tínhamos que pegar água na bica da vila. Algumas vezes, até essa torneira da vila ficava sem água por vários dias, e tínhamos que ir à outra vila do outro lado do rio somente para beber água. No início, não havia lugar para dormir. Como as irmãs da Amma viviam na casa da família, os pais da Amma não queriam que os *brahmacharins* entrassem em casa à noite. Nós dormíamos do lado de fora, na areia. Se estivesse chovendo de noite, nós nos sentávamos dentro do templo. Vendo nosso suplício, a Amma também se recusou a dormir em casa. Em muitas noites, ela nem dormia. Outras vezes, ela dormia ao relento, deitada em frente à casa, a pouca distância dos *brahmacharins*.

Mais tarde, quando o Swami Paramatmananda (então Br. Nealu) veio morar no *ashram*, ele trouxe dinheiro suficiente para construir um abrigo. Neste abrigo, havia uma cozinha, uma despensa e lugar para quatro ou cinco de nós dormirmos. Apesar de haver uma cozinha, na maioria das vezes não havia comida suficiente. De vez em quando os devotos da Amma traziam comida para nós, mas se mais devotos chegassem, a Amma usava essa mesma comida para alimentá-los. A Amma sempre insistia para que os devotos comessem quando chegassem ao *ashram*, mesmo que isto significasse que ela e os *brahmacharins* ficassem sem comida. Quando isso acontecia, algumas vezes a Amma percorria a vizinhança e recebia *bhiksha* (oferta de alimento) para eles.

Mesmo sendo uma vida dura sob todos os pontos de vista, nunca achamos que estávamos sofrendo. Nós estávamos tão focados na Amma que não sentíamos falta de qualquer conforto habitual terreno, nem mesmo das necessidades básicas como comida, água e um telhado sobre nossas cabeças.

Depois, mesmo quando tínhamos recursos, a Amma permitia apenas o mínimo de conforto no monastério. Ela queria insuflar um espírito de renúncia em todos que lá chegassem. A Amma dizia: "Quando as pessoas chegam ao monastério, renunciam ao menos a um mínimo de conforto. Assim, elas têm algum benefício espiritual." A Amma toma muito cuidado para que as pessoas que visitam o *ashram* – dedicando tanto tempo, dinheiro e energia – conquistem força e algum benefício espiritual para levarem para casa. É por isso que, até hoje, quando as pessoas de todo o mundo chegam ao monastério, não encontram uma estação de veraneio. Você deve fazer algum sacrifício para ficar lá.

Então, ir para Amritapuri pode ser uma grande peregrinação para os filhos da Amma. Mas ao chegar, devem se lembrar de cumprir a peregrinação com a atitude correta. Se tiverem que suportar algum desconforto ou fazer um pequeno sacrifício, que consigam enxergá-los como um caminho para o crescimento espiritual e para se tornarem aptos a receber a graça divina da Amma. ❖

Capítulo 16

O poder especial do discernimento

Algumas coisas são comuns aos seres humanos e aos outros seres vivos. Aí se inclui a necessidade de comida, sono, procriação e segurança. Os seres humanos, entretanto, possuem uma qualidade que os diferencia de todos os outros seres. Essa qualidade não é a inteligência; até certo ponto, animais também possuem inteligência. O que torna os seres humanos únicos é o poder de discriminar ou discernir[1]. Para uma pessoa comum, discernimento significa a habilidade de distinguir entre certo e errado e entre o que é benéfico e o que é prejudicial. Para um aspirante espiritual, discernimento significa tudo isso e ainda mais. Um aspirante espiritual deve estar apto a usar seu discernimento para distinguir entre o que é permanente – Deus ou a Verdade – do que é mutável ou temporário.

A mesma inteligência que vem ajudando os seres humanos a criar prosperidade também tem sido causa de miséria e sofrimento. Isso acontece porque não estamos usando o poder do discernimento corretamente. Inteligência sem discernimento pode levar à destruição. Quando seres humanos cometem estupro, assassinato,

---

[1] As origens latinas da palavra "discriminar" são *discriminare* (dividir) e *discernere* (separar). No Ocidente, discriminação é usualmente associado a alguma forma de preconceito. No entanto, de acordo com o *Vedanta*, a discriminação ou discernimento real é o poder de separar o Eu perene e eterno do mundo mutável e perecível.

atos de opressão, ou ataques terroristas, ou quando criam circuns-tâncias que levam pobreza e fome aos demais é porque não usam o discernimento. Se as pessoas usassem as mesmas capacidades de corpo, mente e intelecto para servir aos outros, para enxugar suas lágrimas e aliviar seus sofrimentos, o mundo poderia se transformar no paraíso. Para isso, precisamos de discernimento. Quando usamos nosso discernimento junto com nossa inteligência, usamos as capacidades humanas para promover a harmonia e a boa vontade entre todos. Isso implica em realizar ações amorosas, compassivas e generosas, o que não somente ajuda o mundo, mas também os próprios indivíduos que executam as ações. Quando utilizamos nosso discernimento e executamos boas ações, nossa mente se torna pura e vasta.

A Amma diz que, apesar dos seres humanos terem alcançado tanto poder, há muitas coisas que não estão sob seu controle. Por exemplo, nós não podemos decidir onde nascer, quem serão nossos pais ou quais talentos ou capacidades teremos. Se pudésse-mos tomar essas decisões por nós mesmos, este mundo seria um lugar diferente. Como não temos domínio sobre essas questões, nascemos cada um com talentos e capacidades distintos, mas também com certa quantidade de fraquezas e defeitos. Sob essas circunstâncias, para ter sucesso na vida, devemos focar em nossas forças enquanto reconhecemos nossas fraquezas.

Infelizmente, muitos fazem o contrário. Ao invés de se concentrarem em suas forças e talentos, se concentram em suas debilidades. Assim, muitas pessoas deixam o mundo com tesouros maravilhosos ainda a serem descobertos dentro delas. Os psicó-logos dizem que os seres humanos usam somente entre 10 e 12% de seu potencial. Dizem que mesmo Einstein usou somente 25% de sua capacidade intelectual. Se for verdade, significa que todos nós temos um grande potencial não utilizado. Empregando nossa capacidade de discernimento e transformando nossas fraquezas em forças, podemos explorar mais nosso potencial interior.

Uma mulher nos Estados Unidos perdeu o filho por causa de um motorista embriagado. Ela poderia ter sido facilmente consumida pelo ódio ao homem que matou seu filho. Ao invés de lutar contra o motorista bêbado, ela preferiu lutar contra todos os motoristas que dirigem alcoolizados. Em 1980, ela e um grupo de mulheres na Califórnia fundaram o Madd (das iniciais em inglês para Mães Contra a Embriaguez na Direção).

A organização atualmente possui 600 representações em todo o país; seu ativismo pavimentou o caminho para a legislação contra a embriaguez na direção e, como resultado, a percentagem de motoristas bêbados nos Estados Unidos caiu drasticamente. O que essa mulher teria conseguido se tivesse somente atacado o motorista individualmente? Ao contrário disso, usando seu discernimento, ela foi capaz de canalizar sua raiva para algo que realmente beneficiou a sociedade.

Um caso similar aconteceu ao povo de uma tribo na Índia. Como eram muito pobres, muitos não possuíam casas decentes. Algumas não tinham nem porta. Uma noite, um vagabundo entrou em uma das casas e tentou estuprar uma mulher que estava dormindo. Ela conseguiu expulsá-lo, mas se machucou muito ao se defender. Enquanto se recuperava dos ferimentos, a vítima se consumia de ódio. No entanto, em vez de tentar se vingar daquele indivíduo em particular, ela usou sua raiva de uma forma criativa. Decidida que ninguém mais teria o mesmo destino, organizou os membros da tribo para que protestassem contra suas condições de vida perante o governo local. Finalmente, o governo aceitou construir moradias dignas e seguras para toda a tribo, além de também criar uma força policial especial para proteger toda aquela região.

No discurso que a Amma apresentou na Iniciativa de Paz Mundial de Líderes Espirituais e Religiosas (2002), ela contou uma história verídica sobre uma mulher cujo marido havia sido assassinado em um ataque terrorista. Seu filho ainda era menino naquela época e, quando perdeu o pai, jurou que um dia se vingaria. Ele planejou se juntar a militantes rivais para retaliar o grupo que havia matado seu pai. Quando ele contou o plano para sua mãe, ela o advertiu: "Filho, veja a situação dolorosa de nossa família. Veja como é difícil pagar as contas sem seu pai. E veja como você está triste, sem conhecer o amor do pai enquanto cresce. Quando vê outros pais levando os filhos à escola, você não fica triste, desejando ter um pai? Ao se vingar daqueles que mataram seu pai, o que vai obter além de mais sofrimento e dor? Você acha que a sociedade precisa de mais sofrimento? O que devemos fazer de verdade é lutar para maior desenvolvimento do amor e da bondade. Essa é a única forma de conseguirmos paz para nós e para os outros. Assim, meu filho, use seu discernimento e aja da forma que julgar mais apropriada."

O rapaz levou a sério as palavras da mãe e se negou a participar de qualquer grupo terrorista até quando tentaram recrutá-lo. Anos depois, quando ele se encontrou com a Amma, fez uma prece: "Por favor, dê aos terroristas, tão cheios de ódio e violência, o entendimento correto. E para aqueles que passaram por tantas atrocidades e sofreram tanto, por favor, encha seus corações com o espírito do perdão. De outra forma, a situação se deteriorará, e não haverá fim para a violência."

Amma frisa que o soro antiofídico que salva vidas é, na verdade, extraído do mesmo veneno da mordida da cobra. De igual maneira, agindo com discernimento e com boas intenções, nossas emoções negativas e fraquezas podem ser transformadas em forças.

Por outro lado, se não agirmos com discernimento, até mesmo nossas forças e talentos podem se tornar debilidades. Por exemplo, algumas pessoas têm um talento verbal que faz delas excelentes vendedoras. No entanto, se falarem demais ao invés de persuadir o freguês a comprar o produto, acabam por espantá-lo. Desta forma, seu talento verbal que poderia ser usado para a venda, converte-se no seu oposto, e sua força verbal se torna uma fraqueza.

Ouvi uma anedota que ilustra esse ponto: durante a Revolução Francesa, três homens estavam sendo levados para a guilhotina. Um padre os acompanhava para administrar-lhes a extrema--unção. O primeiro homem foi instruído a colocar a cabeça no cepo. Quando a lâmina foi liberada, ela não caiu, ficou presa onde estava. O padre tomou isso como um sinal divino e soltou o homem, dizendo que Deus havia perdoado seus erros. O mesmo aconteceu ao segundo homem. O terceiro homem era engenheiro. Quando estava sendo levado à guilhotina, olhou para cima e exclamou: "Eu sei qual é o problema!" e deu instruções para o reparo. A guilhotina foi rapidamente consertada, e o engenheiro perdeu sua cabeça. Neste caso, o engenheiro usou seus talentos sem fazer uso do seu poder de discernimento.

É necessário ter discernimento quando escolhemos os valores pelos quais queremos viver. Se não, até as melhores coisas e oportunidades da vida se tornam inúteis e nos trazem infelicidade. Muitos conhecem a expressão "Toque de Midas", que significa ganhar muito dinheiro com pouco esforço aparente. Essa expressão vem do mito grego do Rei Midas, cuja maior ambição era acumular riqueza. Um dia, uma deusa apareceu diante dele e lhe ofereceu uma dádiva: ele poderia pedir qualquer coisa que quisesse. O rei ficou maravilhado e pediu à deusa para abençoá-lo de forma que tudo que tocasse virasse ouro. A deusa lhe advertiu sobre as consequências de sua escolha, mas sua ganância era tão grande que ele não ouviu suas palavras. Ele não aceitaria nada diferente. Finalmente, a deusa o abençoou com a dádiva pedida. Daquele momento em diante, tudo o que o rei tocava virava ouro.

Não demorou muito para o rei encontrar sérias dificuldades. Quando ele se sentou para o café da manhã, toda a comida que tocou foi transformada em ouro. Como não podia comer um pote de cereais de ouro, ele chamou sua filha única para ajudá-lo. Ela veio correndo, e ele a abraçou amorosamente. Ela imediatamente se transformou em uma estátua de ouro. O rei ficou chocado e desesperado. Começou a chorar alto e rezou para a deusa que o havia atendido. A deusa apareceu diante dele e perguntou ao rei se estava feliz com o toque de ouro. O rei implorou para que a deusa trouxesse sua filha de volta à vida e retirasse seu "poder" de toque de ouro.

Essa história mostra que valores distorcidos levam à tragédia. Algumas vezes, não ter nossos pedidos atendidos é uma dádiva maior do que ver nossos desejos satisfeitos. O discernimento pode nos ajudar a cultivar valores positivos. O que, por sua vez, tornará nossa vida serena e útil tanto para nós quanto para os outros.

Eu ouvi uma linda história de uma devota da Amma: antes de conhecer a Amma, ela passava alguns períodos em outro monastério. Certa noite, ela chegou ao monastério muito tarde e, ao entrar no dormitório, acendeu a luz para poder ver seu caminho até a cama. No momento em que as luzes se acenderam, ela ouviu uma voz irritada vinda do outro lado do quarto dizendo: "Apague a luz!"

A mulher timidamente apagou a luz e foi tateando pela parede até alcançar a cama e arrumou-a no escuro. Pouco depois de ter tateado até a cama, outra recém chegada apareceu e ligou a luz quando entrou. De novo, a voz irritada exclamou: "Apague a luz!" Durante o breve período em que a luz permaneceu acesa, a mulher viu que a moça que estava chegando era japonesa e vestia uma marcação laranja significando que era sua primeira vez no monastério.

Mesmo muito cansada, ela pensou que a recém chegada estaria mais exausta e desorientada. Ela se levantou da cama e foi cumprimentá-la. Inclinando-se de acordo com a tradição japonesa, ela pegou os lençóis das mãos da recém chegada e fez a cama para ela. Prontamente, ela se inclinou de novo diante da agradecida recém-chegada e retornou para sua cama. Antes de adormecer, a porta do dormitório se abriu de novo, e de novo a luz foi ligada. Como um relógio, de novo, o comando: "Apague a luz!" A mulher estava se preparando para se levantar da cama outra vez, quando viu a japonesa sair de sua cama e saudar a terceira recém chegada da noite. A japonesa saudou a terceira pessoa, tomou seus lençóis e fez sua cama. A japonesa simplesmente presumiu que este era o costume no monastério.

Essa história nos mostra que aprendemos pelo exemplo, mas nós podemos usar nosso discernimento para escolher quais exemplos seguir e quais desconsiderar. A japonesa poderia facilmente ter decidido se juntar ao grupo que gritava para que apagassem a luz. Ao invés disso, ela escolheu com sabedoria e discernimento seguir o exemplo mais generoso da mulher que lhe ofereceu ajuda.

Lembro-me de outra história que ilustra o valor real do discernimento. Você deve se lembrar do devastador terremoto que atingiu o estado de Gujarat, na Índia, em janeiro de 2001. Milhares de pessoas foram mortas, muitas foram feridas e perderam seus entes queridos, suas casas, bem como suas esperanças e sonhos. O *ashram* da Amma adotou e reconstruiu completamente três das vilas mais atingidas. Depois da reconstrução, a Amma visitou a área e reuniu-se com os moradores. Um homem disse à Amma que, apesar de ter perdido sua família inteira e tudo mais no terremoto, ele estava mais determinado do que nunca a se tornar um bem-sucedido homem de negócios. Outro homem, que havia sido comerciante antes do terremoto e teve perdas similares, disse à Amma que o desastre havia revelado para ele a natureza frágil das posses e conquistas terrenas, e que seu único desejo era se unir a Deus. Apesar de ambos terem passado pela mesma experiência, um deles ainda colocava todos os seus esforços em atingir a felicidade terrena, que poderia desaparecer a qualquer momento. O outro foi capaz de usar seu discernimento e buscar a paz e a felicidade permanentes.

O primeiro capítulo do "Bhagavad Gita" é chamado de *Arjuna Vishada Yoga* ou "A ioga da aflição de Arjuna". Talvez seja difícil ver como o sofrimento pode se tornar ioga (o processo de união com Deus). Tomemos como exemplo a perda de um filho: os pais podem encarar esta perda de duas formas: podem sentir que perderam tudo e que não há sentido em viver mais ou podem refletir sobre a natureza mutável do mundo. Eles podem se perguntar: "O que é isso? Pensei que meu filho viveria muito e me traria muitas felicidades. Agora ele se foi. O que eu achava que era eterno se provou transitório. Se eu depositar minhas esperanças em coisas tão passageiras, estou destinado ao desespero. Será melhor depender de algo permanente e que nunca me traia." Ao contemplar desta forma, podemos nos aproximar de Deus. Então, qualquer experiência sofrida pode se tornar um meio para nos aproximarmos de Deus.

As escrituras hindus dizem que há dois caminhos abertos para nós. Um é chamado de *preyo marga*, ou a busca da felicidade material, por exemplo, riqueza, poder, fama etc. Este nunca termina e nos deixa perpetuamente presos ao *samsara* (o ciclo de nascimento e morte). O segundo caminho é chamado de *sreyo marga*, ou a busca da felicidade suprema, ou seja nosso próprio Ser Divino. Este caminho nos libertará do ciclo de nascimento e morte e nos conduzirá à liberdade eterna.

Isso não significa que, para conseguir a felicidade suprema, nós não podemos ter qualquer posse, e sim que devemos estar cientes

136

das limitações dos objetos terrenos. Esta consciência deve nos impelir a buscar o ilimitado, isto é, Deus, nossa própria natureza.

Para nos lembrar que não trazemos nada para este mundo nem levamos nada dele quando partimos, a Amma geralmente conta uma história sobre a morte do imperador grego Alexandre, o Grande.

Como sabemos, Alexandre foi um grande guerreiro e governante que conquistou aproximadamente um terço do mundo conhecido de então. Ele desejava se tornar o imperador universal, mas desenvolveu uma doença terminal. Poucos dias antes de sua morte, Alexandre chamou seus ministros e explicou como gostaria que seu corpo fosse carregado na procissão fúnebre. Ele disse que gostaria que houvesse aberturas de ambos os lados do caixão, para que suas mãos ficassem à mostra, com as palmas abertas. Os ministros perguntaram por que ele gostaria que isso fosse feito.

Alexandre explicou que, dessa forma, todos saberiam que o "grande Alexandre", que havia passado a vida inteira lutando para possuir e conquistar o mundo, havia partido com as mãos totalmente vazias. Assim, entenderiam o quão fútil é desperdiçar a vida perseguindo o mundo e seus objetos.

O discernimento é a capacidade de distinguir o que é permanente do que é transitório, de se ater somente ao permanente e de tentar alcançá-lo. No sentido espiritual, somente Deus, ou *Atman*, é permanente. Tudo mais é transitório. As escrituras dizem: "O *Atman* estava lá no passado, está aqui agora e estará lá no futuro". É por isso que o *Atman* é chamado de Verdade. De acordo com as escrituras hindus, somente aquilo que existe nos três períodos do tempo (passado, presente e futuro), sem crescimento, decadência ou mudança alguma, pode ser chamado de Verdade. Se algo ou alguma coisa em sua vida passar nesse teste, essa pessoa ou objeto pode ser chamado de Verdade. Caso contrário, não merece esta designação. Quando praticamos *viveka* (discernimento), percebemos que nada no mundo exterior – objeto, pessoa ou lugar – passa neste teste. Então descobrimos que muitas coisas às quais nos apegamos ou tentamos adquirir não valem o esforço.

A Amma quer que entendamos a transitoriedade do mundo e de seus objetos. Eles são temporários e nunca poderão nos acompanhar depois da morte.

Assim, vemos que o poder do discernimento é muito importante. Nós podemos usá-lo para transformar nossas fraquezas em força criativa, bem como usar nossos talentos de forma mais eficiente. Isso nos ajudará a ter sucesso em todos os empreendimentos da vida, incluindo nossos esforços para atingir o sucesso supremo, a autorrealização. ✤

Capítulo 17

Do discernimento ao desapego

Quando exercitamos nosso discernimento da forma correta, *vairagya* desperta em nós. *Vairagya* significa desapego de tudo que é irreal ou temporário. Quando vemos que as pessoas e os objetos em nossas vidas não são a Verdade, automaticamente nos desapegamos deles. Isso não significa que nós não os amamos ou cuidamos deles, mas que não esperamos nada deles. Em uma relação comum, o amor que temos pela outra pessoa depende muito do que recebemos dela. Se nós não recebemos o que queremos, nosso amor por aquela pessoa diminui. Usando um exemplo da Amma, nós cuidamos muito bem de uma vaca enquanto ela está dando leite. Quando para de dar leite, nós não hesitamos em vendê-la, até para o açougue. Esta é a natureza do amor comum ou terreno.

Quando o desapego desperta, o amor que temos pelos outros não depende mais do que recebemos deles. Nós os amamos pelo simples fato de amar. Este desapego também se aplica aos objetos e posses. Se tivermos desapego, faremos melhor uso dos objetos que estão ao nosso alcance. Mas se perdemos ou se não conseguimos obter algo, essa perda ou lacuna não nos perturbará de forma alguma.

Há uma história de Aristóteles, que teria dito a seu pupilo Alexandre, o Grande: "Se você alguma vez for à Índia, traga um iogue de volta para a Grécia com você." Muitos anos depois, quando Alexandre, o Grande, estava nos Himalaias, ele encontrou um iogue sentado no chão. Lembrando do pedido de seu professor, Alexandre se aproximou do iogue e disse: "Se vier comigo, tornarei-o mais rico do que um rei. Você terá sua própria mansão e inúmeros criados esperando por seus desejos."

Ouvindo a proposta de Alexandre, o iogue educadamente recusou, dizendo: "Não existe coisa alguma neste mundo de que eu precise ou deseje. Se você quer me ajudar, por favor, dê dois passos para o lado para que eu possa aproveitar os raios do sol". O iogue era completamente desapegado dos objetos deste mundo. Não importava se ele se sentava em uma caverna ou em uma mansão. Ele desfrutava o êxtase interior.

Pode ser que nos ocorra que é fácil para um iogue que vive nos Himalaias ser desapegado, mas que é impossível para nós, com todas as nossas responsabilidade e bens. Mas veja a Amma. Ela tem muito mais responsabilidades que nós e, embora se encarregue delas com o maior cuidado e atenção, ela permanece perfeitamente desapegada. Uma pessoa certa vez comentou com a Amma: "A senhora tem tantas instituições e centros. Como se sente a respeito disso?"

Amma respondeu: "Embora o amendoim esteja dentro da casca, ele não está preso à ela. Como uma cobra que solta sua pele, a Amma pode se livrar de tudo isso a qualquer momento. Ela não está apegada a coisa alguma."

Na vida, conquistamos algumas coisas e perdemos outras. Nada fica conosco para sempre; objetos e pessoas um dia nos deixarão ou nós os deixaremos – ao menos no momento da morte. Se formos capazes de viver a vida com desprendimento, nossa mente ficará relativamente calma, e nossas práticas espirituais não serão perturbadas pelas dificuldades e desafios da vida. Somente quando nós nos prendemos a um objeto, ele pode nos causar sofrimento. Por exemplo, suponha que vândalos atinjam o carro de seu vizinho. Podemos nos solidarizar com ele, mas é provável que não fiquemos irritados ou chateados. No entanto, se a mesma coisa acontece com nosso carro, ficamos extremamente perturbados. Se formos muito apegados ao carro, podemos até ficar revoltados com Deus, perguntando como ele pode deixar isso acontecer conosco. O tamanho do sofrimento que sentimos quando um objeto muda ou é perdido é diretamente proporcional ao nível de apego que temos por ele.

Certa vez, houve um homem tão mesquinho que, se visse uma moeda de um centavo em um bueiro, ele a pegava. Um dia, seu vizinho lhe telefonou no trabalho para dizer que sua casa havia sido destruída em um incêndio. Antes de dar a notícia, ele pediu que se sentasse, pois tinha certeza que o mesquinho desmaiaria quando ouvisse sobre a perda. No entanto, quando ele ouviu o que o vizinho tinha para dizer, começou a gargalhar. O vizinho ficou surpreso e pensou que o outro havia enlouquecido ao receber a notícia chocante. Ele perguntou então: "Por que você está rindo? Está louco?"

O mesquinho respondeu: "Não, eu vendi a casa há três dias!"

O mesquinho pôde rir da notícia porque não era mais a sua casa. Se ele tivesse recebido a mesma notícia quatro dias antes, ele teria reagido como o vizinho esperava. Esta é a liberdade que o desprendimento nos dá – sentimos que os objetos do mundo, mesmo os que possuímos, não nos pertencem. Assim, não sentimos apego a estes objetos (ou pessoas) e não nos acabamos quando eles mudam ou morrem.

Todo dia um vaqueiro levava as vacas para pastar nos campos. Depois de terminarem de pastar, ele as amarrava a algumas árvores ou postes para que pudessem descansar. Quando o Sol estava baixo, ele desamarrava as cordas, e as vacas retornavam para casa. Um dia, depois das vacas terminarem de pastar, ele as levou para o lugar de costume para descansarem, mas não se preocupou em amarrá-las. Ele sabia que estavam acostumadas ao hábito e que não iriam a lugar algum.

Quando voltou, à noite, tentou levar as vacas para casa. Mas, por mais que tentasse, elas não se moviam. Como o rapaz era muito inteligente, entendeu o que acontecia. Ele se aproximou de algumas das árvores e fingiu que desamarrava as cordas mesmo sem necessidade, pois neste dia não havia amarrado corda alguma. As vacas não sabiam que não haviam sido amarradas e pensavam: "Se ele não nos desamarrar, como podemos sair daqui?" Depois que o rapaz fingiu desatar as cordas, as vacas começaram a andar.

Da mesma forma, nossas amarras estão no nível da consciência. Quando eu digo que estou ligado a meu televisor, não significa que existe uma corda conectando o televisor a mim. Todos os nossos apegos – nosso televisor, casa, parentes, amigos – são projeções mentais. Então, fazendo uma forte resolução mental, podemos superar nossos apegos. A Amma diz: "As coisas estão com você somente por pouco tempo. Elas pertenciam a alguém antes de você estar aqui e pertencerão a outros quando você se for. Se suas posses fossem realmente suas, elas ficariam com você para sempre. Na verdade, nada lhe pertence realmente."

Sabendo que um dia tudo nos deixará, devemos estar cientes que somos somente guardiões temporários de todos nossos bens, cedidos por Deus. Então, nós não seremos demasiadamente afetados quando um objeto ou uma pessoa nos deixar. Como tudo pertence a Deus, entendemos que Ele pode tirar coisas e pessoas de nós sempre que quiser. O problema acontece somente quando pensamos: "Isto é meu." Este sentimento de posse é uma das primeiras causas do sofrimento.

Na verdade, nós não estamos presos à coisa alguma. As escrituras dizem: "Tudo pertence ao *Atman*, mas o *Atman* não pertence a nada nem ninguém – ele é sempre livre, e você é este *Atman*." ❖

Capítulo 18

Entender a natureza do mundo

Para nos protegermos do desapontamento, devemos estar preparados para todas as possíveis consequências de uma situação. Esta é a forma lógica de enfrentar a vida. A Amma nos dá um exemplo muito prático: se colocamos o dedo no fogo, queimamos o dedo. Não ficamos com raiva do fogo, nem o odiamos, mas na vez seguinte, estaremos preparados e não o tocaremos diretamente para que não nos queime de novo. Por termos mudado a maneira pela qual nos relacionamos com o fogo, aquele que nos queimou agora pode ser usado em nosso benefício. Da mesma maneira, todos nós conhecemos a natureza do mundo. Se as coisas não acontecem da forma que queremos, devemos mudar a forma com que nos relacionamos com o mundo.

Algumas pessoas deixaram o monastério há alguns anos. Nós ficamos muito chateados, mas a Amma não. Ela explicou: "Não tenho expectativas que as pessoas fiquem comigo até morrerem. Elas podem partir quando quiserem. Eu nunca espero coisa alguma. Mesmo que todos os *swamis* deixem o *ashram*, continuarei a fazer o que devo fazer."

A Amma vive no mesmo mundo que nós, mas nós nos relacionamos com o mundo de forma diferente dela. Para obtermos paz e felicidade, não há outra maneira senão mudar a maneira pela qual nos relacionamos com o mundo.

Uma cidade estava assustada com os problemas causados pela população crescente de ratos. Os cidadãos estavam indignados com o governo local por sua incapacidade em controlar o problema. Cedendo à pressão dos eleitores, o prefeito lançou um projeto chamado "Erradicação de ratos", mas depois de alguns meses de ações combinadas, o prefeito percebeu que não seria uma tarefa fácil. Frustrados com a falta de progresso, os cidadãos reiniciaram seus protestos. Esperando atender suas expectativas, o prefeito renomeou o projeto de "Controle de ratos". Logo, ele descobriu que era tão impossível controlá-los quanto erradicá-los. As pessoas de novo tomaram as ruas, e o prefeito, desesperado, anunciou o novo plano: "Coexistência com os ratos".

Da mesma forma, não é possível eliminar os problemas no mundo e em nossas vidas. Podemos controlar os problemas até certo ponto. O que não podemos controlar, temos que aprender a aceitar.

Um homem, que estava passando por vários problemas, procurou um astrólogo védico para perguntar sobre seu futuro. O astrólogo disse: "Você está passando por um período muito difícil. Você está sob a influência de Rahu por 15 anos, e terá ainda mais três anos pela frente. Continuará sendo muito difícil."

"E depois disso?"

O astrólogo olhou para ele com pena: "Depois disso, você estará sob a influência de Júpiter por 12 anos. Para muitos, isso seria uma melhora. Mas o seu caso é especial. Júpiter está mal posicionado no seu mapa e também lhe trará problemas."

"E depois de Júpiter?"

"Depois de Júpiter, você permanecerá em Saturno por 19 anos. Isso trará ainda mais problemas do que nos anos anteriores."

O homem disse: "E depois disso tudo? Meus problemas finalmente terminarão?"

O astrólogo disse: "Depois disso, seus problemas não serão mais problemas para você, pois você terá se acostumado a todos os tipos de problema."

A Amma diz que, em tempos de crise e frustração, deveríamos tentar contar nossas bênçãos mais do que nossos problemas. Sempre existem muitas coisas pelas quais devemos ser gratos a Deus. A Amma diz que ficamos tão focados em reclamar do que não temos, que nos esquecemos das coisas boas que já temos.

Quando vamos dormir à noite, que garantia temos que acordaremos no dia seguinte? Não sabemos nem mesmo o que irá acontecer daqui a pouco. A vida humana é tão frágil! Qualquer coisa pode acontecer a qualquer momento. Em Gujarat em 2001, tudo estava calmo minutos antes do terremoto devastador. Cinco minutos depois, muitas casas, esperanças e vidas haviam sido destruídas. Nossa vida é assim também, muito frágil. Se um determinado nervo é pinçado, fico incapaz de levantar o braço. É questão de um segundo.

O que podemos fazer em um mundo assim? Devemos tentar ser felizes com o que temos. É claro que não há nada de errado em tentar conseguir mais. Não há garantias que conseguiremos, mas se conseguirmos, que sejamos agradecidos a Deus. Até por acordar de manhã, devemos agradecer a Deus. Todos os dias, cada momento de nossas vidas, são uma benção de Deus.

Lembro-me de uma história: certo dia, todos os insetos foram expor suas queixas a Deus sobre a vida na Terra. Os mosquitos explicaram: "O Senhor nos deu o probóscide para picar e sugar o sangue dos seres humanos, criou os seres humanos com carne e muito sangue e nos deu um pequeno corpo com asas para que pudéssemos voar para longe quando houvesse perigo. O senhor foi tão misericordioso e bondoso conosco, mas existe um problema: por que o senhor criou nosso inimigo, o vento? Sempre que estamos prestes a saborear nossa suculenta refeição, o vento sopra, e temos que voar para longe para sobreviver. Então, por que o senhor não pode remover o vento da Terra?"

O Senhor disse: "Meus filhos, vocês todos são muito queridos a mim. Eu não posso decidir o caso sem a presença do acusado. Tragam o vento aqui e decidirei". Mas o mosquito sabia que, se o vento viesse, ele teria que partir. Ao invés de chamar o vento, o mosquito virou-se para alguns de seus amigos e disse: "Queridos irmãos e irmãs, todos vocês estão felizes; bebem sangue humano para a alegria de seus corações. Mas nosso caso é realmente delicado. No momento que o vento aparecer, nós teremos que fugir. Vocês têm alguma sugestão ou dica?"

Um dos insetos respondeu: "Se vocês pensam que está tudo bem conosco, escutem nosso caso. Somos insetos de cama, não temos asas para voar. Queremos pedir ao Senhor asas para voar. Ou pediremos a Deus para criar humanos sem olhos porque, mesmo quando nos escondemos em um cantinho da cama, eles de alguma forma nos acham e nos esmagam ou matam com spray."

A mosca que pica se meteu na conversa: "Nossos sofrimentos são indescritíveis. A gente senta em um ser humano para beber seu sangue, e ele nos atinge com um forte tapa. É o fim para nós, nossa vida já era. De alguma forma, geralmente conseguimos escapar. Então, temos que passar fome por vários dias. Mesmo sendo loucas por sangue, não conseguimos uma única gota. Queremos orar a Deus para criar seres humanos sem mãos."

O Senhor ouviu as queixas pacientemente, mas se manteve em silêncio. O que poderia dizer? Nem mesmo Deus podia decidir em casos assim, então simplesmente se manteve em silêncio, conhecedor da natureza da criação. Você pode imaginar a condição dos seres humanos, se os desejos dos mosquitos, insetos e moscas fossem atendidos?"

A Amma diz que nem todas as dificuldades podem ser removidas. Querendo ou não, viemos para este mundo. O melhor que podemos fazer é tentar entender sua natureza. Esta compreensão, juntamente com nossa fé em Deus ou em um *satguru* como a Amma, nos dará força para encarar os problemas com um olhar positivo.

Os problemas existem por causa de nossa mente. Diz-se que a mente por si só é a causa da liberação e do aprisionamento, da tristeza e da felicidade.

A maioria das informações não é necessária para nossa existência. Uma pessoa não será infeliz só porque deixou de estudar cálculo. Da mesma forma, se quiser estudar botânica, pode. O fato de não querer estudar botânica não trará efeitos negativos para a vida. Existem muitos botânicos e matemáticos infelizes. Mas todos devem estudar os princípios espirituais para levar uma vida feliz e pacífica. Por esta razão, o estudo espiritual era um importante aspecto da tradição antiga indiana. Nos dias de hoje, as escrituras são consideradas ultrapassadas. Achamos que não precisamos saber coisa alguma sobre espiritualidade para ter sucesso na vida. De fato, nós hoje precisamos de entendimento espiritual mais do que nunca – nossos valores morais e éticos se desintegraram dramaticamente em decorrência desta lacuna. A falta de valores está criando problemas que eram impensáveis até recentemente, tanto para a sociedade quanto para o indivíduo. Sem entendimento dos princípios espirituais, sempre seremos tristes e deprimidos, e não haverá harmonia na sociedade.

Um apoio firme nos princípios essenciais da espiritualidade nos dá força, não somente física, mas emocional. Podemos ser fisicamente fortes, até hercúleos, mas quando temos que enfrentar os problemas da vida, nossa força física não é muito útil. Na maior parte das crises, nada nos ajuda, exceto nossa própria força emocional, que brota da verdadeira compreensão da natureza do mundo.

A Amma diz: "Se nos alimentarmos de comida de má qualidade, teremos um corpo doente. Da mesma forma, se alimentarmos nossa mente com pensamentos negativos, teremos uma mente doente. Assim como nosso corpo necessita de comida nutritiva todos os dias, nossa mente precisa de pensamentos espirituais positivos para ser forte e saudável."

Isso não quer dizer que o conhecimento sobre espiritualidade basta por si só. Muitos possuem uma grande quantidade de informação espiritual, mas ela permanece como simples informação e, desta forma, não beneficia a pessoa de fato. Somente quando colocamos o conhecimento em prática, ele realmente nos beneficia.

Se comermos, mas a comida não for digerida, como vamos extrair os nutrientes? Não é a comida que comemos que nos dá força, mas a comida digerida. Assim, nós podemos ler muitos livros espirituais e ouvir muitos *satsangs* (discursos espirituais), mas se não formos capazes de colocar esses ensinamentos em prática, não obteremos seus benefícios.

É por isso que a Amma sempre dá importância às práticas espirituais e à assimilação dos princípios espirituais em nosso dia a dia. Se encararmos a vida da forma correta, as situações difíceis que enfrentamos podem nos ajudar a fortificar nossa mente. Nossa mente é como um músculo, que se expande ou contrai dependendo de quanto ou como nós a exercitamos.

As escrituras dizem *"Panditah na anusochanthi"*, que significa: "Os sábios não sofrem." As escrituras estão nos dizendo que a solução para o sofrimento é o conhecimento. Conhecimento é *jnana*, ou saber que "eu não sou o corpo, a mente, o intelecto ou o ego. Eu sou um com a Suprema Consciência". Somente as pessoas que estão estabelecidas nesta sabedoria podem evitar a dor.

Quanto maior o grau de assimilação e compreensão da Verdade, menos queixas temos. Quando compreendemos nossa unidade com a Divina Consciência, todas as nossas queixas desaparecem; mesmo se tivermos problemas, isso não será um problema para nós. A felicidade de uma pessoa realizada, diferentemente da nossa, independe das condições. A Amma não depende de coisa alguma deste mundo para sua felicidade, contentamento ou paz mental – é incondicional. Nossa situação é diferente, não é? A paz mental depende de tantas coisas terrenas! Se determinadas condições são satisfeitas, ficamos felizes. Se não, ficamos infelizes. Achamos que só vamos ser verdadeiramente felizes se conseguirmos um bom emprego, uma boa família, ou se nos casarmos. É claro que tudo isso é importante, mas não há garantia que tais coisas nos farão felizes sempre.

A Amma diz que muitas pessoas sentem que, a não ser que se casem, nunca se sentirão completas. Contudo, mais tarde, dizem: "Agora que me casei, estou acabada". Se analisarmos atentamente, veremos que esta forma de encarar a vida – depositando nossas esperanças em qualquer objetivo, meta ou pessoa externos – nunca nos fará verdadeiramente felizes e contentes.

Somente a ciência da espiritualidade nos ajudará quanto a isso. Uma pessoa treinada espiritualmente tem uma armadura de conhecimento que a impede de ser afetada negativamente pelos altos e baixos da vida. Se a vida puder ser comparada com um campo de batalha, o conhecimento espiritual é a armadura que nos protege. Muitas armas podem ainda nos atingir, mas não penetrarão a armadura. Nós não seremos afetados por ataques repentinos. Assim, até para um *satguru*, há problemas na vida. Talvez eles tenham até mais problemas que eu ou você. Para nós, pode ser mais do que o suficiente cuidar de uma pequena família. Considere o caso da Amma, que tem que cuidar de milhares, até milhões de famílias. Muitos devotos querem que a Amma encontre uma esposa para seus filhos ou querem que decida uma disputa familiar ou um problema entre marido e mulher. Muitas vezes, a Amma providencia para que os desejos de seus devotos sejam atendidos, até mesmo antes de expressarem verbalmente o pedido.

Quando minha irmã mais nova atingiu a idade apropriada, a Amma encontrou um noivo para ela e acertou o casamento. Um dia, a Amma me ligou na Austrália onde eu estava conduzindo os programas e disse: "A Amma arranjou o casamento de sua irmã. Será no *ashram* em tal e tal data." Eu não estava em nada preocupado com meus familiares. Não dei a mínima importância ao fato da minha irmã estar procurando um marido. A Amma tomou conta de tudo. Este é somente um exemplo. De maneira similar, ela toma conta de milhares de famílias em todo o mundo.

Então, podemos ver que um *satguru* possui muito mais responsabilidades do que nós, e ainda assim nunca fica sobrecarregado ou estressado. Isso acontece porque o *satguru* tem o entendimento correto sobre a vida. Somente esta sabedoria nos dá uma solução permanente para nossos problemas – isto é, a determinação para resolver qualquer problema que possa ser solucionado e a força para aceitar com equanimidade qualquer problema que não possa. Podemos escolher estudar matemática, botânica ou quase qualquer outro assunto. Porém, se desejarmos ser verdadeiramente felizes, não temos escolha senão ganhar sabedoria espiritual.

As escrituras dizem:

"kasya sukham na karothi viragaū"

Qual pessoa desapegada não será feliz?

Se analisarmos nossas vidas cuidadosamente, perceberemos que muitos objetos que passamos tanto tempo perseguindo nos causaram mais infelicidade do que felicidade. Até para ganhar um pouco de felicidade terrena, temos que nos esforçar muito.

Suponha que queiramos comprar um dispendioso carro esportivo. Pensamos que seremos felizes assim que ele for nosso.

Primeiro, precisamos trabalhar para ganhar dinheiro; depois de comprado, precisamos trabalhar para conservá-lo. Depois de algum tempo, ele começa a dar defeito, até que um dia o conserto sai mais caro do que seu valor original. Antes de isso acontecer, pode acontecer de ser destruído em um acidente. Quando pensamos sobre quanta felicidade e satisfação conseguimos ao possuir o carro em comparação com quantos problemas ele nos deu, ficamos pensando se realmente valeu todo o esforço. Mesmo vendo que tal busca envolveu mais problemas do que alegrias, insistimos em buscar objetivos terrenos. Isso se deve à nossa incapacidade de superar nossa atração por eles. Antes mesmo de o carro ser rebocado, estaremos pensando no novo modelo que vamos adquirir.

Achar que é possível tirar felicidade permanente de coisas transitórias é bastante ilógico. A Amma diz: "Tentar ganhar felicidade permanente do mundo é como tentar enrolar o céu e levá-lo debaixo do braço – nunca acontecerá. A não ser que nos voltemos para dentro, nunca atingiremos a felicidade permanente ou eterna."

Às vezes, achamos que seremos felizes depois que certos desejos forem satisfeitos. Pensamos que, como temos somente 10 desejos, quando os satisfizermos todos seremos felizes e contentes. No entanto, se eventualmente conseguirmos satisfazer todos os 10, ficaremos surpresos ao descobrir que a lista de 10 cresceu para 15. Então, vamos pensar que, se atendermos os 15, finalmente estaremos em paz. E se de alguma forma conseguirmos atender aos 15, descobriremos que a lista cresceu para 20. Para realizar todos esses desejos, leva tempo. Um dia, finalmente, ficamos velhos e eventualmente morremos. A promessa da felicidade terrena é como tentar alcançar o fim do arco-íris. Não importa o quanto viajemos, descobrimos que ele está sempre mais adiante.

Por que todos os seres humanos instintivamente procuram a felicidade? Esta necessidade inata surge porque os seres humanos vieram do Ser Supremo, que é a origem do êxtase infinito. Essa experiência faz parte da consciência humana e, embora não estejamos conscientes dela, todos desejamos profundamente revivê-la. Então, a busca pela felicidade é inerente a cada ser humano e, consciente ou inconscientemente, a humanidade luta para atingir este objetivo único. Assim como a água flui sempre na direção do mar, e um pássaro sempre tenta escapar da gaiola, é da natureza das coisas lutarem para retornar ao seu estado natural. O propósito das escrituras e da vida do *satguru* é mostrar aos seres humanos o caminho de retorno ao estado natural, que é a felicidade infinita e eterna.

No entanto, estamos procurando pela felicidade permanente no lugar errado. Achamos que é mais fácil buscá-la no mundo externo porque nossa mente é extrovertida no princípio. Os objetos externos proporcionam somente um reflexo da verdadeira felicidade, mas nós tomamos o reflexo pela coisa real. Pensamos que por fora é tudo brilhante e que por dentro é tudo escuro, mas a Amma sabe que é o contrário. Ela nos guia lentamente para voltarmos nossa visão para dentro, de forma a acharmos o verdadeiro sucesso.

Somente se virmos os defeitos inerentes ao sonho da felicidade terrena, seremos capazes de nos recolhermos. No entanto, nosso nível de percepção é tão baixo que, até quando somos informados sobre os defeitos de um objeto, não nos afastamos dele. Por exemplo, é obrigatório que os anúncios de cigarros informem que fumar é prejudicial à saúde. A informação costumava ser em letras pequenas, mas hoje em dia os maços de cigarro dizem "FUMAR MATA" em letras garrafais, imensas, em um dos lados da embalagem. Ainda assim muita gente compra cigarros, mesmo com essa embalagem.

Existe uma piada sobre um fumante inveterado que disse a um amigo que havia um anúncio muito atrativo da sua marca de cigarros preferida no jornal, mas que o efeito final fora arruinado pelo aviso de que fumar é prejudicial à saúde. Finalmente, o fumante disse ao amigo: "Fiquei tão chateado que parei."

O amigo ficou surpreso: "Você parou de fumar?"

"Não", disse o fumante, "parei de ler o jornal".

Mesmo quando os defeitos são claramente expostos, somos incapazes de nos afastar do objeto. O que dizer dos defeitos da felicidade terrena, que não carrega uma mensagem de aviso?

Não estou tentando pintar uma imagem pessimista da vida. A visão das escrituras, a visão da espiritualidade não é nem pessimista nem otimista – é realista. Quando entendemos a natureza do mundo, fica mais fácil cultivar o desapego. Assim, mesmo que estejamos imersos nas responsabilidades e nas relações terrenas, não seremos sobrecarregados pelas vicissitudes e dificuldades da vida. Saberemos que a fonte de felicidade real não reside fora, e sim dentro de nós, e procuraremos refúgio somente Naquilo.

Uma vez, havia um reino com um sistema muito peculiar de governo. Quem quisesse ser rei era aceito sem condições. No entanto, depois de cinco anos, seria exilado em uma ilha deserta habitada somente por cobras venenosas e animais selvagens, onde certamente morreria. Muitos ficavam tentados pelos cinco anos de vida luxuosa, e havia uma longa lista de espera para ser rei. Todavia, imediatamente após coroados, os reis ficavam cada vez mais deprimidos e abatidos. Sabendo que seus dias como rei eram contados e que, após isso, somente o sofrimento e a morte os aguardavam, nenhum dos reis conseguia aproveitar uma hora sequer dos seus cinco anos como senhor da terra. Os cidadãos do país já estavam considerando até revisar o sistema de governo quando perceberam que o último rei era diferente. Estava sempre sorrindo e dando risadas, distribuindo presentes, perdoando criminosos e celebrando grandes festas. Mesmo com o passar dos anos e a chegada do fim do reinado, seu entusiasmo e bom humor nunca diminuíram. Enfim, chegou o dia de deixar o trono e seguir sozinho para a ilha deserta. Os guardas do palácio adentraram os aposentos do rei esperando encontrar resistência, como era de hábito quando os reis seguiam para o exílio. Mas este rei já estava de pé aguardando perto da porta e ainda era todo sorrisos enquanto saía da cidade rumo ao barco que o levaria para a ilha deserta.

Enquanto o rei embarcava no barco, um dos guardas do palácio perguntou: "Sabendo qual será seu destino, por que estava sempre sorrindo? Como pode ainda estar tão feliz agora?"

"No primeiro dia que me tornei rei", ele confidenciou, "enviei navios com homens para limparem a ilha de todos os animais perigosos e a vegetação indesejada. Quando terminaram, enviei mais homens para construírem um palácio com lindos jardins, que faz este castelo que estou deixando parecer uma masmorra. Estive sempre sorrindo porque sei que, embora esteja sendo mandado para longe daqui, uma vida muito melhor me aguarda."

Assim como o rei da história, não devemos perder nossa energia nos lamentando pelo fato de estarmos aqui por pouco tempo. Ao contrário, devemos colocar nossos esforços para atingir aquilo que é permanente –a realização de Deus ou de nosso Ser Verdadeiro. ❖

Capítulo 19

O crescimento integral é o autêntico crescimento

Quando falamos em crescimento, em geral nos referimos ao crescimento do corpo. Todos os seres vivos começam a vida em uma forma pequena e, com o tempo, ficam maiores e mais fortes. À exceção dos humanos, o crescimento dos seres vivos é limitado ao nível físico. A menos que sejam treinados pelos seres humanos para executar um comando simples e específico, os animais não conseguem fazer nada distinto de seus ancestrais. Hoje, o gato faz "miau" exatamente como seus ancestrais há milhares de anos. Os burros também zurram exatamente como seus ancestrais costumavam fazer. Um burro não pode cantar como um ser humano, porém um humano pode zurrar como um burro. Os seres humanos evoluíram. No início, nós gesticulávamos. Então, começamos a grunhir e a emitir sons primitivos. Depois, começamos a nos comunicar em uma linguagem simples. Em seguida, começamos a escrever, a cantar e até a enviar emails.

A história da evolução humana é a história do nosso crescimento em quatro diferentes níveis – físico, mental, intelectual e espiritual. Houve um tempo em que a força física era considerada superior às outras qualidades humanas. Com a revolução tecnológica e o desenvolvimento da educação e da civilização, a inteligência é mais valorizada no mundo de hoje.

Atualmente, as pessoas usam o intelecto em vez da força bruta para buscar o sucesso. Seria isso um sinal de crescimento verdadeiro? A menos que cresçamos simultaneamente e sistematicamente em todos os quatro planos, não podemos afirmar que estamos realmente evoluindo.

A Amma muitas vezes diz: "Nosso corpo está crescendo em todas as direções, mas nossa mente não." Isso acontece porque as pessoas crescem fisicamente pela simples alimentação e repouso suficiente – não é necessário nenhum esforço extra de nossa parte. Também não é possível melhorar os processos involuntários do corpo, pois eles não são processos conscientes. Não nos é possível melhorar o uso do nosso fígado, aprimorar a capacidade de nossa corrente sanguínea ou nossas funções neuromotoras. Só podemos melhorar essas funções de forma indireta, mantendo nossa saúde. Mas quando a consciência está envolvida em uma função, nós podemos aprimorá-la.

Por exemplo, se fizermos um esforço consciente, poderemos ser mais pacientes, mais discriminativos e mais compassivos. Isso mostra que, se quisermos crescer mentalmente, intelectualmente ou espiritualmente, a consciência é o fator chave. Embora o crescimento físico tenha seus limites, o potencial de crescimento dos outros três planos é ilimitado. É claro que, embora o potencial infinito do Ser esteja presente em todos, o grau de manifestação deste potencial variará. Por exemplo, tanto uma lâmpada de 100 Wats quanto como uma de 10 Watts iluminam-se com a eletricidade. Por causa das especificações do objeto, a lâmpada de 100 Watts brilha muito mais que a de 10 Watts.

O crescimento nesses planos não é um processo natural. É essencial realizar um esforço pessoal consciente e persistente. Por exemplo, pode-se dizer que a manteiga está presente no leite em forma latente. No entanto, só podemos fazer manteiga se batermos o leite pelo período de tempo necessário. Assim, se empenhamos nossos esforços continuamente, não há limite para o quanto podemos amar os outros ou o quão compassivos podemos nos tornar. Podemos cultivar o amor e a compaixão expansivos, envolvendo toda a criação. A Amma é um exemplo vivo de quanto nosso coração pode se expandir. Isso é o que chamamos de crescimento mental. Lembre-se que, de acordo com o Vedanta, a mente é o assento das emoções e o intelecto é a faculdade de tomar decisões. Então, quando falamos de crescimento mental, isso inclui o desenvolvimento da maturidade emocional bem como o cultivo de qualidades positivas, tais como o amor incondicional, a compaixão, a bondade, a paciência, etc. Todas as virtudes são indícios de uma mente que cresce e é saudável.

No nível intelectual, também há um espaço para o crescimento. Podemos estudar o universo desde as partículas subatômicas até as galáxias em constante expansão. Os campos de estudo disponíveis para os humanos são tão numerosos que uma pessoa não consegue nem citar todos. Somente no campo da física, o conhecimento disponível é tão vasto que não é mais possível para um único aluno aprender tudo o que existe sobre física durante a vida – ele tem que se especializar em uma pequena área do conhecimento. Logo, a nossa capacidade de crescimento intelectual é virtualmente infinita – ela é limitada somente pela duração de nossa vida.

No entanto, o verdadeiro padrão de medida para o crescimento intelectual é o desenvolvimento do nosso poder de discernimento. Quando vamos para a faculdade, nosso intelecto se desenvolve significativamente, mas o uso correto ou não desse desenvolvimento dependerá de quanto discernimento acumulamos ao mesmo tempo. O conhecimento de como dividir um átomo pode tanto ser usado para gerar grandes quantidades de energia como para construir bombas que reduzem o mundo a cinzas. Se desenvolvermos o poder do discernimento, não usaremos nossas capacidades intelectuais para criar mais sofrimento, e sim para reduzi-lo. Ao encontrar meios para beneficiar quem está a nossa volta e a sociedade como um todo, reduzimos os sofrimentos dos outros. Ao usar o discernimento para diferenciar entre o permanente e o efêmero, reduzimos o sofrimento em nossa própria vida.

O quarto nível de crescimento é o espiritual. Se qualidades positivas denotam crescimento mental e o poder do discernimento determina o crescimento intelectual, o critério para o crescimento espiritual é a expansão do sentido do "eu". Atualmente, muitos estão condicionados a pensar em si mesmos como um corpo físico com faculdades mentais e intelectuais. Nossa definição mais ampla de indivíduo inclui nossa família, profissão e país. Devemos reconhecer as limitações de nosso atual condicionamento e tentar gradualmente expandir essas fronteiras, até que possamos abarcar toda a criação como nosso Ser Verdadeiro. Na verdade, nossa natureza real é Brâman, que é infinito, onisciente, onipotente e onipresente. Sendo assim, não há limite do quanto podemos crescer espiritualmente. Quando percebemos a natureza do nosso Ser Verdadeiro, percebemos que somos, de fato, infinitos.

Um *satguru* é aquele que atingiu este objetivo e pode ajudar outros a fazerem o mesmo. É claro que todo mundo tem o potencial de alcançar o mesmo estado que a Amma, porque, essencialmente, somos todos um e a mesma Consciência. É por isso que a Amma se dirige a todos seus filhos como "Omkara diviya porule", que significa, "a essência do Om". O *satguru* começa a trabalhar em nós nos níveis mental e intelectual e, lentamente, nos guia para nossa morada de êxtase eterno. No nível mental, ele nos ajuda a superar nossas negatividades e a desenvolver nossas qualidades virtuosas. No nível intelectual, o *satguru* nos faz entender o que é eterno e o que é efêmero, e como distinguir um do outro. No nível espiritual, o amor e a compaixão ilimitados do *satguru* dissolvem nosso ego, nos fazendo perceber nossa unidade com ele e com toda a criação.

O trabalho do guru é, primordialmente, nos ajudar a crescer mental e espiritualmente. Existem muitos exemplos de pessoas ricas que se focavam em acumular mais riquezas até que encontraram a Amma. Depois do encontro, elas abriram mão de muitos confortos aos quais estavam acostumadas, e agora levam vidas com um espírito de renúncia, doando seu tempo e recursos para ajudar os necessitados. Este é um exemplo de crescimento mental. Existem também muitos exemplos de pessoas raivosas que se irritavam profundamente com pequenas coisas e que, depois de encontrarem a Amma, se tornaram calmas e controladas até sob circunstâncias difíceis.

Um médico costumava vir ao *ashram* e fazia atendimentos gratuitos. No entanto, ele tinha um temperamento muito ruim e muitas vezes ralhava com os pacientes ferozmente. Os residentes do *ashram* reclamavam com a Amma que ele era tão cruel que tinham medo de se consultar com ele, mesmo quando estavam doentes. A Amma contou ao médico sobre as reclamações.

Ele admitiu que tinha um temperamento difícil e explicou que tinha lutado para superá-lo, mas que todos os esforços haviam sido em vão. A Amma disse ao médico: "Meu filho, a Amma pode ajudar você a superar sua raiva, mas você deve prometer a ela uma coisa." O médico parecia hesitante. A Amma disse a ele para que não se preocupasse, porque o que ela iria lhe pedir, sem dúvida, estava dentro de suas possibilidades. Ouvindo as palavras de encorajamento da Amma, ele concordou em fazer o que ela pedisse. Entregando a ele uma foto emoldurada dela, protegida por um vidro, a Amma disse: "Meu filho, sempre que sentir raiva de alguém, a Amma quer que você bata nesta foto tão forte quanto possível." O médico ficou chocado com as instruções da Amma, mas como havia feito a promessa, resolveu fazer o seu melhor.

No dia seguinte, o médico tornou a ficar com raiva de seus pacientes como sempre. Toda vez que perdia a calma, ele esperava o paciente partir e, então, gentilmente batia na foto da Amma. Depois de alguns dias, a Amma o perguntou como estava administrando sua raiva. Ele contou que havia tido algumas melhoras, mas que ainda perdia a calma. A Amma perguntou se estava batendo na foto tão forte quanto podia. O médico admitiu que estava somente batendo de leve na foto, pois não podia conceber bater com força em uma foto da Amma. A Amma o lembrou que ele havia feito uma promessa e novamente recomendou que, quando ficasse com raiva, batesse na foto com toda força.

O doutor retornou à clínica, resolvido a ser cuidadoso para não se irritar. Ele sabia que, se ficasse com raiva, teria que bater na foto da Amma com toda força, o que ele não podia nem imaginar. Por força do hábito, no dia seguinte, ele brigou duramente com um paciente por não ter seguido suas instruções. Depois que o paciente partiu, ele foi até a foto da Amma pendurada na parede. Ele se forçou a socar a foto da Amma muito forte, quebrando o vidro sobre a foto. Imediatamente, percebendo o que havia feito, ele ficou desolado e sentiu tanto remorso que não conseguiu comer por três dias.

Após esse incidente, uma grande mudança ocorreu no médico. Os pacientes até começaram a elogiar sua notável gentileza e paciência. Meses depois, a Amma liberou-o da promessa, com um aviso que ele deveria sempre estar atento ao seu temperamento. Pode parecer que ela tomou uma atitude extrema nesse caso, mas a Amma sabia que era a única maneira de ajudar o médico a superar o mau temperamento. Assim sendo, a Amma o ajudou a crescer mentalmente.

Crescer espiritualmente significa absorver princípios espirituais tais como desapego, generosidade e entrega. A Amma personifica perfeitamente essas qualidades. Podemos cultivar essas qualidades observando a Amma e tentando seguir seu exemplo e instruções.

Muitos anos atrás, os administradores de um templo em uma das vilas perto do *ashram* me pediram para fazer um programa lá. Como sempre, roguei permissão à Amma antes de dar uma resposta. A Amma concordou que eu fosse, e agendamos o *satsang* para a semana seguinte.

No dia marcado para o *satsang*, cheguei ao templo às 16h30. Não havia pessoa alguma. Eu não me preocupei, porque o programa estava marcado para as 17h.

Esperei pacientemente. No entanto, por volta das 17h, ninguém havia chegado. Deu 17h15, 17h30 e 17h45 e ninguém aparecia. Lá pelas 18h, duas pessoas, que aparentavam simplesmente terem vindo fazer suas adorações no templo, me viram ali e se sentaram para ouvir o que eu tinha para dizer. Quando se sentaram, eu comecei a recitar as orações iniciais. Normalmente as orações levam somente um minuto ou dois, mas acrescentei versos e mais versos, esperando ainda que mais pessoas chegassem. Assim, estendi as orações por 10 minutos.

Finalmente, avistei um grupo de pessoas se aproximando e concluí as preces. Depois que comecei a falar, no entanto, percebi que essas pessoas também não haviam ido lá para me ouvir. Permaneceram na sala por alguns minutos e então entraram no templo para rezar. Eu havia preparado uma longa palestra, mas diante das circunstâncias, falei somente por poucos minutos. Então fechei os olhos e comecei a cantar *bhajans*. Mantive os olhos fechados enquanto cantava até que ouvi os sacerdotes do templo se preparando para o *arati* (adoração feita acenando com a cânfora em brasas diante da imagem da deidade). Nessa hora, havia 20 pessoas na sala – se haviam vindo para o programa ou para o *arati*, não sei. Depois que o *arati* do templo acabou, cantei o *arati* da Amma e retornei ao *ashram*.

Muito chateado pela forma como o programa se deu, fui até a Amma com um semblante triste. Eu tinha certeza que ela sabia, é claro, quantas pessoas atenderiam ao programa. Assim, disse a ela que, sob essas circunstâncias, ela não deveria ter permitido que eu fosse. Ela respondeu: "A Amma disse para você realizar o *satsang*, não para contar o número de pessoas que apareceriam. Embora as pessoas não tenham ido ao templo, o *satsang* estava sendo transmitido pelos auto-falantes do templo. Você não sabe quantas pessoas estavam dentro de suas casas ouvindo. Muitas estavam esperando para ouvir o *satsang*. Você deveria ter iniciado na hora e ter realizado o *satsang* completo."

A Amma continuou: "Se a Amma diz a você para fazer algo, você deve aprender a fazê-lo sem se preocupar com o resultado." Quando a Amma disse isto, percebi meu erro. Sempre que o *satguru* nos diz para fazer algo, existe um propósito por trás, mesmo que não esteja claro naquele momento.

Muitos anos depois, durante minha visita à Colômbia, fui encarregado de conduzir um *Devi Puja* em Bogotá. Por volta do meio-dia, fui até o salão para ajudar na organização do programa. Embora estivesse agendado para começar às 18h, as pessoas começaram a montagem a partir das 14h. A montagem ficou pronta às 15h, e decidi retornar para a casa onde estava hospedado. Na saída, vi que havia já uma quantidade razoável de pessoas no salão. Deduzi que aconteceria outra atividade durante a tarde. Quando retornei ao salão momentos antes 18h, fiquei muito surpreso ao ver uma longa fila de pessoas do lado de fora. Meu primeiro pensamento foi que deveria haver algum problema dentro do salão e que havia sido pedido a todos para que esperassem do lado de fora. Mas, quando entrei, vi que o salão estava completamente cheio. As pessoas estavam do lado de fora porque não havia mais lugar. Imaginei que só poderia ter ocorrido um erro no anúncio do programa e que todos estavam ali esperando pela Amma em pessoa.

Imediatamente, falei com um dos organizadores e perguntei a ele se havia acontecido algum erro no anúncio. Ele disse que não e admitiu que também estava muito surpreso com a grande presença do público. Comecei a ficar nervoso – se todas essas pessoas esperavam ver a Amma, como eu poderia satisfazê-las? Só o que podia fazer era dar uma palestra, cantar alguns *bhajans* e conduzir um *puja*. Senti-me totalmente desamparado. Comecei a rezar: "Amma, como posso deixar essas pessoas felizes? Pelo meu próprio poder, eu não posso. Somente com a sua graça essas pessoas ficarão satisfeitas com este programa."

Rezando assim, comecei o programa como planejado. Falei, cantei alguns *bhajans* e conduzi o *puja*. No entanto, não sentia que estivesse conduzindo o programa, mas sim que alguém o estivesse fazendo através de mim. Embora parecessem apenas cinco minutos para mim, o programa durou três horas. Durante este tempo, nenhuma pessoa deixou o salão. Ao final do programa, fui cercado pelas pessoas que queriam me tocar ou abençoar seus rosários, dizendo que gostariam de absorver um pouco da energia espiritual que estava emanando de mim. Fiquei muito surpreso com esse comportamento. Como poderiam sentir isso vindo de mim? Então, dei-me conta que era a pura graça da Amma.

Quando contei à Amma sobre este incidente, ela disse: "Se você se fizer vazio, a Amma pode entrar em você totalmente. Quando se sentiu tão desamparado, você foi capaz de ceder completamente à Amma. Isso ajudou que a energia da Amma fluísse por você." Então, quando somos capazes de fazer nossas ações com o entendimento correto, podemos nos tornar instrumentos perfeitos para receber a graça divina.

Quando comparo o programa em Bogotá com o programa que conduzi na vila perto do *ashram*, posso ver que a Amma me ajudou, durante os anos, a cultivar um melhor entendimento dos princípios espirituais.

Se não estivermos maduros intelectualmente, talvez não saibamos qual é a ação correta a tomar. Se nos faltar maturidade mental, talvez não encontremos força para executar a ação correta. É a maturidade espiritual que nos ajuda a executar a ação sem nos apegarmos aos resultados. Desse modo, a maturidade espiritual é a base de todos os outros aspectos do crescimento. Mesmo que tenhamos maturidade intelectual e mental, se estivermos presos aos resultados das ações, poderemos ficar frustrados ou deprimidos e perder nosso entusiasmo em servir o mundo e persistir em nossas práticas espirituais. Por isso o crescimento integrado é tão importante.

Ao invés de simplesmente crescermos fisicamente, devemos tentar crescer também nos planos mental, intelectual e espiritual. Somente assim seremos capazes de cumprir o propósito deste nascimento humano. ❖

Capítulo 20

Por que Vênus é mais quente que Mercúrio: a importância da receptividade

Nosso propósito em ir até a Amma não deveria ser somente o de satisfazer nossos desejos terrenos – isso seria como chegar até um rei que está disposto a nos dar seu reino inteiro e pedir a ele uma cenoura. A Amma está disposta a nos guiar ao objetivo supremo da vida, e não deveríamos nos contentar com menos do que isso. Contudo, para receber o que Amma está oferecendo, precisamos nos tornar receptivos.

A Amma está constantemente nos guiando e nos dando o que necessitamos, mas não aproveitamos todos os benefícios disso, devido à nossa falta de receptividade. A mera proximidade com o guru não é suficiente; a nossa receptividade é o mais importante.

No sistema solar, Mercúrio é o planeta mais próximo do Sol, então, logicamente, deveria ser o mais quente. Na verdade, contudo, Vênus é o mais quente. Por que isso acontece? Porque existe algo especial na atmosfera de Vênus que o faz absorver mais calor do Sol. Da mesma forma, não é somente a proximidade ao guru que conta, mas também a receptividade do discípulo.

Se não tivermos a devida receptividade, não ouviremos as palavras do guru na forma como as expressa. Elas sempre serão destorcidas e coloridas de acordo com nossa visão e tendência. Cada pessoa interpreta as palavras do guru de seu próprio jeito.

Por exemplo, quando a Amma dá o *darshan*, ela murmura coisas diferentes no ouvido de cada pessoa – às vezes em sua língua nativa, malaiala, às vezes no idioma da pessoa. Por exemplo, ela pode dizer: "Mon kutta", que significa "Querido filho", ou "Mutte, mutte, mutte", que quer dizer "Meu precioso filho, meu precioso filho". Mas, independente da língua que a Amma use, se houver 10 pessoas, elas ouvirão 10 coisas diferentes.

Uma pessoa veio até mim e disse que ouviu a Amma sussurrar "Amanhã, amanhã, amanhã", em seu ouvido. Isso aconteceu porque ela estava esperando ter sucesso em uma entrevista para um emprego no dia seguinte. Outra mulher estava se sentindo culpada por seus maus hábitos, então quando a Amma disse "Minha filha, filha, filha", ela ouviu "Malcriada, malcriada, malcriada". Outro homem havia comprado um cacho de bananas para oferecer à Amma, mas o havia esquecido no quarto. Quando ele recebeu o *darshan*, a Amma disse em seu ouvido: "Ponnu mone, ponnu mone", que quer dizer "Meu filho querido", mas, de alguma forma, ele ouviu "Banana, banana, banana". Por causa das preocupações na cabeça dessas pessoas, elas não foram capazes de ouvir o que Amma estava tentando lhes dizer.

Certa vez, um homem de 92 anos foi a um médico. Alguns dias depois, o médico avistou o homem andando pela rua com uma bela jovem em seu braço. O médico ficou surpreso e comentou com o homem: "Uau! Você está mesmo passando bem, não está?"

O idoso respondeu: "Só estou fazendo o que o senhor recomendou, doutor: 'Arrume um mulherão e curta adoidado! Não foi?' "

O médico respondeu: "Não, não foi o que eu disse! Eu disse: 'Você tem sopro no coração, então tome cuidado'."

Da mesma forma, o verdadeiro significado das palavras do mestre é geralmente obscurecido pelas nossas próprias preferências, medos e desejos.

Nesta situação, o mestre não pode nos ajudar verdadeiramente. Para nos beneficiarmos das palavras do mestre, devemos nos tornar tão abertos e receptivos quanto possível para o que está sendo dito – tão abertos e receptivos quanto uma criança inocente.

Existe uma história sobre quatro amigos. Três deles costumavam ficar contra o quarto nas discussões. Um dia, durante uma conversa, o quarto amigo levantou um ponto muito válido. Como sempre, os três amigos desprezaram sua ideia. O quarto amigo ficou tão frustrado e triste que começou a rezar alto para Deus: "Ó Senhor, por favor, envie a meus amigos um sinal para provar que eu estou certo." Imediatamente, nuvens escuras começaram a se juntar no que antes era um céu claro e cristalino. O quarto amigo apontou para o céu e disse: "Viram? Deus mandou um sinal para dizer que estou certo!" Os três amigos debocharam de sua pretensão dizendo que era pura coincidência. O quarto amigo ficou ainda mais frustrado e implorou a Deus que enviasse um sinal mais claro para convencê-los. Imediatamente, o ar ficou carregado de trovões e relâmpagos que cortavam o céu escuro. O quarto amigo exultante exclamou: "Agora não há dúvidas. Deus está do meu lado!"

Os três outros ainda não tinham ficado impressionados: "Mas isso não é nada. Quando nuvens negras se juntam, trovões e relâmpagos são comuns", disseram dando de ombros.

O quarto amigo, desesperado, pediu a Deus: "Ó Senhor, por favor, dê a eles um sinal inegável de que o Senhor está comigo!"

Em resposta, uma voz grave soou dos altos: "Escutem aqui, vocês devem ouvir seu amigo. O ponto dele está correto."

Depois de ouvirem a voz de Deus, os três amigos disseram: "Então tá, Deus está do seu lado. Mas ainda somos três contra dois."

Essa história mostra que algumas pessoas se agarram as suas ideias sem se importarem se são ridículas ou impraticáveis; elas não estão nem um pouco abertas ou receptivas. Mesmo que a própria Amma aconselhe pessoas assim, elas seguirão seu próprio caminho. Por causa disso, a Amma diz que é fácil acordar alguém que dorme, mas é muito difícil acordar alguém que finge estar dormindo. Espero que não sejamos como os três amigos da história, que estejamos sempre abertos e receptivos ao que Amma está tentando nos ensinar. Se pensarmos que sabemos tudo, não seremos capazes de aprender coisa alguma. ❖

Capítulo 21

Como desenvolver uma devoção genuína

Desenvolver e aumentar a devoção a Deus, a nosso guru ou ao nosso objetivo espiritual é muito importante no progresso espiritual. Devoção ao guru e devoção a Deus são a mesma coisa. Um *satguru* é uno com Deus. Mesmo que ela ou ele tenha uma forma humana, o *satguru* não possui sentimentos de individualidade ou de "eu sou isso e aquilo e eu realizei tal e tal coisa." O poder universal de Deus trabalha através do *satguru*. Tudo o que vem do *satguru* vem de Deus. Sempre que a Amma ou algum *Mahatma* dizem "eu" (como, por exemplo, quando o Senhor Krishna diz no "Bhagavad Gita" "Eu sou a base de tudo"), eles não estão se referindo a seu corpo ou a sua forma em particular, mas à Consciência Suprema na qual estão estabelecidos.

A Amma diz que, quando desenvolvemos devoção, devemos estar certos que seja *tattva bhakti*, ou seja, devoção baseada no conhecimento e entendimento corretos. De outra forma, nossa devoção não será estável. Teremos um forte sentimento de devoção quando as coisas estiverem bem em nossas vidas, mas quando algo ruim acontecer, nossa devoção diminuirá. Quando nossa devoção é baseada no conhecimento, oramos por amor a Deus pelo desejo de realizar a Verdade. Não vemos Deus como um agente para realizar nossos desejos.

Tattva bhakti significa saber que tudo o que acontece conosco, bom ou ruim, é resultado de nossas ações, nesta ou em vidas passadas. Significa entender que, se coisas ruins acontecem conosco, não é por falta da compaixão de Deus. Se coisas boas acontecem, não significa que Deus nos favoreceu. Não é assim. Tudo o que acontece está de acordo com o próprio *prarabdha* da pessoa. Neste processo, Deus é somente uma testemunha. A Amma diz: "Não identifique sua devoção com as experiências que estão acontecendo com você. Todas as experiências são criadas por suas próprias ações passadas. Deus não tem nada a ver com isso. Ele estabeleceu uma série de leis cósmicas. Se seguir essas leis, você terá boas experiências, se transgredi-las, terá as experiências ruins correspondentes. É claro que existem algumas dificuldades que podem ser removidas pela oração sincera. No entanto, algumas experiências não podem ser evitadas. Neste caso, devemos rezar para termos força para enfrentar essas dificuldades com autocontrole.

Isso não significa que devemos pôr toda a culpa em nosso *prarabdha*. Suponha que eu bata em alguém. Quando a polícia chegar e me prender, não posso culpar meu *prarabdha*. Eu sei muito bem que não devo bater em ninguém e que se fizer isso serei punido. Tendo batido em alguém, como posso culpar meu *prarabdha* quando sou preso? Isso não é *prarabdha*; é o resultado imediato de uma ação que executei.

Nosso *prarabdha* é responsável pelo que acontece apesar de nosso esforço. Se subirmos numa árvore e depois pularmos no chão, muito possivelmente quebraremos a perna. Se pularmos e quebrarmos a perna, não podemos dizer que foi nosso *prarabdha* que a quebrou. Se não quebrarmos a perna, então podemos dizer que foi resultado de nosso bom *prarabdha*. Em outras palavras, existem algumas regras gerais da vida na Terra. Se as regras gerais não forem aplicadas a uma determinada situação, podemos pensar que se deve ao nosso bom *prarabdha*. Mas não podemos culpar o *prarabdha* por tudo. Se apesar de um estudo sincero e de um trabalho duro, ainda tirarmos nota baixa na prova, então podemos dizer que é nosso *prarabdha*. Se não estudarmos, não podemos culpar o *prarabdha* pelos nossos maus resultados.

Houve um devoto que acompanhou a Amma por muitos anos. A Amma deu a ele muitas experiências maravilhosas. Apesar das experiências memoráveis, não foi capaz de desenvolver uma devoção consistente pela Amma e por fim parou de ir vê-la. Podemos aprender muito com a história dele.

Quando a Amma começou a manifestar *Krishna Bhava*, alguns reconheceram sua divindade imediatamente. Outros ainda estavam céticos. Eles questionavam como o Senhor Krishna poderia se manifestar em um corpo humano.

Um desses céticos não era ateu. Ele era, na verdade, devoto do Senhor Krishna. Sempre que havia uma ocasião auspiciosa como um aniversário ou um casamento, as pessoas o convidavam para sua casa para que lesse alto o "Srimad Bhagavatam", um texto sagrado que descreve o jogo divino do Senhor Krishna.

Seus amigos, que já haviam visto a Amma durante o Krishna Bhava, disseram a ele que fosse ver a Amma, já que era devoto de Senhor Krishna. Ele se recusou a ir, pois não estava pronto para acreditar que o Senhor Krishna se manifestaria no corpo de uma jovem mulher.

Seus amigos continuaram insistindo para que ele fosse encontrar a Amma. Finalmente, ele concordou, mas disse que queria uma prova de que ela estava realmente manifestando o Senhor Krishna antes de acreditar.

Em um dia de *Krishna Bhava*, a Amma estava dando *darshan* para seus devotos no *ashram*. De repente, ela saiu do templo e começou a andar sem dizer aonde ia. Os devotos ficaram muito surpresos com a sua partida abrupta. Muitas pessoas simplesmente a seguiram. A Amma continuou andando; andava tão rapidamente que todos tinham que correr para acompanhá-la.

Embora nunca tivesse estado lá antes e ninguém houvesse lhe dado instruções ou indicado o caminho, a Amma seguiu diretamente para a casa do devoto de Krishna. Ela andou cerca de sete ou oito quilômetros. Entrando na sala de oração, a Amma pegou um pote do altar contendo pudim e comeu um pouco.

O homem emudeceu quando viu a Amma fazendo isso. Era seu costume diário fazer um pudim doce e colocá-lo na sala de oração como uma oferenda ao Senhor Krishna. Agora, ele via que a Amma viera e havia aceitado a oferenda. Deste dia em diante, ele se tornou um fervoroso devoto dela.

Mais tarde, ele disse que, naquele dia em particular, quando colocou o doce no altar diante da foto de Krishna, afirmou para si mesmo que, somente se Amma viesse e aceitasse sua oferenda para Krishna, ele acreditaria que ela era o próprio.

Em outra ocasião, este mesmo devoto foi até um lago para se banhar e acidentalmente se aventurou em uma parte que era muito funda. Ele não sabia nadar e começou a se afogar. Pela graça da Amma, ele foi capaz de se lembrar dela enquanto lutava por sua vida e começou a gritar: "Amma! Amma!" De repente, avistou-a de pé sobre a água bem diante dele. Ela o mostrou como usar as mãos e pernas para boiar e sair da água. Mesmo não acreditando que pudesse ser capaz de seguir as instruções, ele sentiu uma força externa movendo seus membros de forma a mantê-lo boiando. Assim, sua vida foi salva. Ele conta frequentemente essa profunda experiência para as pessoas.

Este mesmo devoto adotou um menino órfão. A Amma permitiu que o menino montasse uma pequena casa de chá dentro da propriedade do *ashram*. Não havia restaurantes ou hotéis por perto naquela época. Como centenas de devotos visitavam a casa de chás no caminho para ver a Amma, seu negócio expandiu. Ele estava ganhando muito dinheiro, inclusive dando a maior parte para seu pai adotivo. O devoto não precisava nem mais trabalhar por causa do dinheiro que recebia do filho adotivo. Ambos estavam muito felizes com aquela situação.

Alguns anos se passaram, e cada vez mais pessoas começaram a visitar a Amma. Muitas vezes havia uma grande multidão no *ashram* e não havia acomodações suficientes para acolher o número crescente de devotos. A Amma queria construir mais quartos assim como uma sala de orações e um refeitório. Ela explicou a situação ao garoto e pediu que ele transferisse a casa de chás para outro lugar, pois aquele terreno seria utilizado para a construção de mais acomodações para os devotos. O garoto então contou ao pai adotivo o que Amma havia lhe dito. Ao ouvir a notícia, o homem ficou muito decepcionado e disse: "Por que Amma pediu a meu filho para transferir a loja?" Como ambos estavam ganhando muito dinheiro com a casa de chá, ele não gostou de ouvir que a Amma gostaria de realocá-la.

Vale mencionar que a maioria das pessoas, especialmente aqueles que viviam nas vilas vizinhas naquele tempo, pensavam de forma diferente de hoje sobre a Amma. Só o que sabiam é que ela manifestava Devi Bhava e Krishna Bhava[1] durante certos dias da

---

[1] Regularmente, a Amma dá um *darshan* especial no qual aparece vestida e tomada por Devi. Nessa hora, ela fica completamente identificada com Deus na forma da Divina Mãe. Antes, ela costumava fazer o mesmo em *Krishna Bhava*. Sobre esses *bhavas* (humores) especiais, a Amma disse: "Todas as deidades do panteão Hindu, que representam infinitos aspectos do Ser Supremo Único, existem dentro de nós. Alguém que possua a Força Divina pode manifestar qualquer um deles pelo simples desejo pelo bem do mundo. Aqui está uma garota louca que veste a roupa de Krishna e, depois de algum tempo, também de Devi, mas é dentro desta garota louca que ambos existem."

Por que decorar um elefante? Por que um policial veste um uniforme e um quepe? Todos esses suportes externos têm o objetivo de criar uma impressão específica. Do mesmo modo, a Amma veste o traje de Krishna e Devi para fortalecer a atitude devocional daqueles que comparecem ao *darshan*."

semana. Elas pensavam que somente durante esses dias a Amma podia se tornar Deus, Devi ou Krishna. Elas acreditavam que a Amma era visitada por forças externas divinas somente nesses dias e que nos outros dias era como outro ser humano comum. Era assim que pensavam. Então, quando o devoto ouviu que a Amma havia pedido para seu filho que mudasse a loja de lugar, sua primeira pergunta foi: "Quando a Amma falou isso?" Ele se perguntava se havia sido durante o *Devi Bhava* ou em uma "hora qualquer". Então prosseguiu, dizendo: "Tenho que perguntar à Devi sobre isso."

Durante o *Devi Bhava* ou o *Krishna Bhava*, as pessoas chamavam a Amma de Devi ou Krishna. Em outras ocasiões, elas costumavam se referir a ela por "kunju" que quer dizer "criança" ou "mol", que significa "filha", ou pelo seu nome de nascimento, Sudhamani. Alguns *brahmacharins* também acreditavam na separação entre Amma e Devi, mas ainda consideravam a Amma sua guru, a chamavam por Amma a maior parte do tempo e de Devi Amma durante o *Devi Bhava*. Algumas vezes, encontrávamos a Amma durante o dia, e ela não prestava a menor atenção a nós – por estar conversando com outro devoto ou imersa em meditação. Quando isso acontecia, nós íamos até ela durante o *Devi Bhava* e nos queixávamos: "Devi Amma, a Amma sequer olhou para mim durante o dia. Por favor, diga a ela para prestar mais atenção em mim." A Amma (em *Devi Bhava*) dizia: "Não se preocupe. Falarei com ela." Como nós acreditávamos que a Amma e Devi eram distintas, a Amma agia como se fosse verdade.

Então, o devoto disse para a Amma durante o *Devi Bhava*: "Devi, é verdade que Kunju disse a meu filho para remover sua loja do terreno do *ashram*?"

A Amma explicou: "Veja, Kunju pediu para seu filho mudar a loja de lugar porque o *ashram* está precisando muito de espaço.

Muitos devotos não têm nem um lugar para descansar. Alguns deles estão velhos e doentes e precisam de acomodações adequadas". Ao ouvir essas palavras, o devoto esqueceu-se que estava falando com a Devi. Ficou tão chateado que deixou o *ashram* imediatamente e nunca mais retornou para ver a Amma. Como sua devoção não era baseada no conhecimento, ele não conseguiu fazer uso das lindas experiências que havia tido com a Amma. Quando a Amma disse algo que ele não gostou, toda sua fé e devoção desapareceram em um instante.

Ele considerava a Amma somente uma agente para atender seus desejos. A Amma chama este tipo de devoção de "*bhakti* de negócios". Tal devoção nunca poderá ser estável. Quando nossa *bhakti* é assim, nosso amor e devoção por Deus aumentam quando ele atende nossas preces. Quando achamos que nossas preces não foram atendidas, nosso amor e devoção esmorecem.

A devoção verdadeira não é afetada por nada que acontece em nossas vidas. Se lermos a história da vida da Amma, podemos ver que ela sempre possuiu uma constante devoção a Deus, independente das experiências pelas quais passou. No início da vida, a Amma recebeu somente maus tratos e crueldades dos familiares, vizinhos e moradores das vilas próximas. No entanto, sua devoção nunca fraquejou por causa dessas experiências adversas. Sempre que tinha alguma adversidade, a Amma pensava: "Deus está me dando uma oportunidade para desenvolver as qualidades de resistência e paciência." Esta é a atitude de um verdadeiro devoto.

Se formos capazes de desenvolver tal atitude, não haverá razão para termos raiva de Deus, mesmo que coisas aconteçam contra a nossa vontade. Ao contrário, seremos capazes de aceitar experiências desagradáveis como oportunidades para cultivarmos qualidades espirituais tais como paciência, aceitação e equanimidade.

Quando os *brahmacharins* da Amma cometem erros, ela é muito severa porque eles a procuraram com o único desejo de realizar Deus. Então, ela quer que os *brahmacharins* executem cada uma de suas ações com este objetivo em mente.

Certa vez, quando um *brahmacharin* cometeu um erro, a Amma o advertiu: "Eu não vou falar com você." Ele ficou muito chateado, pois este é o pior castigo que alguém pode receber da Amma. Uma repreensão da Amma pode não nos afetar tanto, mas quando ela não fala conosco é muito doloroso. Toda manhã, este *brahmacharin* tentava pedir desculpas para a Amma, mas ela se recusava a ouvir. Mais de uma semana se passou assim. Finalmente, a situação se tornou intolerável para ele. Um dia, após o *darshan* matinal, ele seguiu a Amma bem de perto no caminho até o quarto. Antes da porta se fechar, ele se esgueirou para dentro do quarto sem que a Amma percebesse. Quando ela fechou a porta, se deparou com o *brahmacharin*.

Sem dizer uma palavra, a Amma o pegou pelo braço e lhe mostrou a porta. O *brahmacharin* esperou do lado de fora por um tempo e então desceu as escadas. Eu o encontrei quando descia. Ele me disse o que havia acabado de acontecer e acrescentou: "Mas não estou infeliz. Na verdade, agora estou muito feliz."

"Como pode estar feliz, se a Amma ainda não falou com você?", perguntei.

"Ao menos ela me tocou", respondeu. "Mesmo que tenha me posto para fora, ela estava segurando meu braço. Isso é o suficiente para mim".

Mais tarde, quando contei à Amma o que o *brahmacharin* havia dito, ela ficou muito feliz ao saber de sua atitude. No dia seguinte, ela voltou a falar com ele. Ela explicou que nunca fica realmente com raiva de alguém e que seu tratamento para com ele tinha sido um ato para que ele tomasse consciência de seu erro.

Quando sentimos a verdadeira devoção, não encontramos falha em Deus ou no guru. Para assegurar que nossa devoção nunca termine ou esmoreça, devemos construí-la sobre uma fundação sólida de conhecimento. Tal devoção perseverante definitivamente acelera nosso crescimento espiritual e fortalece nossos laços com Deus ou com o guru. ❖

Capítulo 22

A visão das escrituras

É muito útil adquirir um conhecimento básico das escrituras do *Sanatana Dharma*, especialmente para um aspirante espiritual. As escrituras nos dão uma visão clara do objetivo da vida humana e dos meios para atingirmos esse objetivo. Conhecer as escrituras também nos ajuda compreender melhor os *Mahatmas*.

Mesmo que não tenhamos a oportunidade de estudar as escrituras, pelo simples fato de observar atentamente as ações e palavras de um *satguru* e seguir suas instruções sem reservas, seremos capazes de alcançar o objetivo espiritual. Como os *Mahatmas* estão estabelecidos no Conhecimento Supremo, tudo que dizem é igual ao que dizem as escrituras. É por isso que as pessoas se referem a *Mahatmas* como a Amma como "escrituras vivas".

Quando decidimos ter um emblema para o *ashram* da Amma, os *brahmacharins* quiseram selecionar uma citação para o emblema. Como não chegamos à conclusão alguma, fomos até a Amma e dissemos: "Amma, precisamos de sua ajuda. Por favor, nos dê uma citação para colocarmos abaixo do emblema do *ashram*." Inicialmente, ela disse: "Escolham qualquer citação que vocês gostem." Tentamos, mas não conseguimos chegar a um consenso. Um dia, estávamos conversando casualmente com a Amma, e ela disse inesperadamente: "Filhos, a liberação pode ser atingida mediante a renúncia." É claro que não falou em sânscrito, mas em malaiala. Imediatamente, um dos *brahmacharins* se recordou de uma frase de um "Upanixade" com um significado bem próximo: "*tyagenaike amrtatvamanasuhu*". A Amma nunca havia lido qualquer escritura, mas fez uma citação com o mesmo sentido contido na escritura. Com a permissão da Amma, incorporamos essa citação ao emblema do *ashram*.

A mais antiga de todas as escrituras, os *Vedas*, não foi escrita por um humano, e sim "revelada" aos antigos *rishis* ou visionários. Os mantras que compõem os *Vedas* já existiam na natureza em forma de vibrações sutis, e esses sábios alcançaram um estado tão profundo de absorção que foram capazes de perceber estes mantras.

As ideias contidas nos Vedas são divididas em duas partes. A primeira é denominada *Karma Kanda* (parte ritual) e descreve inúmeros rituais para a satisfação de desejos específicos. Suponha que você queira ter um filho, existe um ritual para isso. Se quiser ir para o céu, existe outro ritual. Há milhares de anos, as pessoas faziam estes mesmos rituais para satisfazer plenamente seus desejos. Para atender a um desejo específico, várias atitudes devem ser observadas. Deve-se levantar da cama de frente para determinada direção, cantar certos mantras antes, durante e depois de tomar banho, antes de comer etc. Na execução dos rituais, vários passos devem ser seguidos, cada um acompanhado de mantras e orações. Alguns desses rituais duram vários dias. Os mantras não só são eficientes para a obtenção do resultado desejado, como também têm um efeito sutil positivo naquele que os recita. Quando uma pessoa faz esses rituais, a mente se torna cada vez mais pura e afinada com Deus. Sob essa influência positiva, existe até a possibilidade de que a pessoa se torne um aspirante espiritual. O *Karma Kanda* ajuda as pessoas comuns a satisfazerem seus desejos e simultaneamente acende nelas o interesse pela espiritualidade.

A segunda parte dos *Vedas* é chamada de *Jnana Kanda* (parte do conhecimento). Esta porção dos Vedas foca exclusivamente em Brâman, a Verdade Absoluta. Comparada com a parte dos rituais, que abarca milhares de páginas, a *Jnana Kanda* é muito pequena. Isso mostra que os desejos são muitos, mas a Verdade, que é a base de tudo, é somente Uma.

Apesar de a Amma ser um mestre realizado, a maioria das pessoas não pede conhecimento espiritual. Ao contrário, vamos até a Amma com nossos problemas e preocupações corriqueiras. Suponha que não tenha tirado somente nota máxima em meus exames – que tive, em um deles, a segunda melhor nota. Para mim, isso é muito importante porque queria ser o primeiro da turma. Na verdade, minha vida não mudará se for o segundo, mas se dividir minha tristeza com a Amma, ela sem dúvida tentará dar consolo e oferecerá encorajamento e bênçãos para meu futuro.

Ou, algumas vezes, as pessoas vêm até a Amma e dizem a ela que sua vaca não está dando leite suficiente e pedem para que ela abençoe o animal para que dê muito leite. Outros dizem: "Não há água em meu poço, Amma. Por favor, me ajude." Ela então dá a eles um pouco de *vibhuti* (cinzas sagradas) e recomenda que coloquem na alimentação da vaca ou dentro do poço. Mesmo que sejam coisas muito insignificantes do ponto de vista de uma alma realizada, a Amma sabe que esses problemas são muito reais para as pessoas que estão naquela situação, e ela dedica grande cuidado e atenção a ouvir os problemas e propor soluções.

Imagine se ao encontrarmos a Amma pela primeira vez, ela dissesse: "Tudo o que você deseja é *mithya* (impermanente). Somente Deus é permanente. Peça somente pela realização de Deus – posso ajudá-lo a obter Isso." Muitos de nós teríamos saído correndo pela porta. Todos nós temos muitos desejos e queremos que esses desejos sejam realizados. Enquanto continuamos a ir até a Amma para ter nossos desejos atendidos, também estamos sendo afetados de uma maneira sutil pelo amor incondicional da Amma e energia espiritual. Lentamente, começamos a nos direcionar para a espiritualidade. Assim, podemos ver que Amma é realmente uma escritura viva – ela funciona exatamente como os *Vedas*. A Amma ajuda tanto aqueles que buscam apenas a Verdade Absoluta quanto os que trazem desejos terrenos (desde que possuam objetivos e propósitos corretos).

A Amma diz que, para obter o maior benefício das escrituras, devemos praticar as recomendações prescritas nelas. Não é suficiente ler as escrituras como se estivéssemos lendo o jornal. Devemos ser capazes de desempenhar as responsabilidades e deveres que as escrituras nos deram. O cumprimento dos nossos deveres não é sempre agradável, porque temos nossos gostos e aversões. Ainda assim as escrituras insistem que façamos nossos deveres e cumpramos nossas responsabilidades. Qual o benefício de seguir essas instruções? Quando desempenhamos fielmente as funções dadas pelas escrituras ou pelo guru, lentamente somos capazes de transcender nossos gostos e aversões.

Os *Vedas* dizem: "*Satyam vada*", que significa "fale a verdade". Nem sempre queremos falar a verdade, mas se quisermos seguir os ensinamentos dos Vedas, devemos tentar dizer a verdade mesmo que não tenhamos vontade. Assim, podemos superar nossa tendência de mentir quando nos é conveniente.

Sempre evitamos as coisas das quais não gostamos ou que achamos que não gostaremos. Mas se não tivermos a compreensão devida, vamos acabar evitando coisas que seriam muito úteis ou boas para nós. Seguir as instruções espirituais sempre servirá ao nosso benefício.

As escrituras classificam as ações em cinco tipos principais e nos dão diferentes instruções para cada uma delas.

O primeiro tipo é chamado *kamya karma*, ou as ações que fazemos para realizar nossos muitos desejos. As escrituras não proíbem este tipo de ação, mas advertem que, agindo assim, não nos direcionaremos para o objetivo supremo da autorrealização. (Os rituais definidos pela seção *Karma Kanda* caem nesta categoria.)

Com relação à *kamya karma*, a Amma diz que não há nada de errado em realizar nossos desejos – desde que as ações sejam justas – mas que devemos compreender que eles não nos trarão a felicidade permanente e que talvez não consigamos tudo o que desejamos.

O segundo tipo de ação é chamado *nitya karma*. São as nossas atividades cotidianas e as ações e observâncias que supostamente deveríamos fazer todos os dias. Até para ações rotineiras como escovar os dentes, tomar banho e comer, mantras específicos são prescritos para nos ajudar a lembrar de que não é pela nossa força que estamos executando essas tarefas, e sim pela força de Brâman, que sustenta todo o Universo. Pensar assim também nos ajuda a lembrar do objetivo espiritual da vida. Para aqueles que têm um guru, seguir suas instruções nas práticas diárias é seu *nitya karma*. A Amma sugere que recitemos nosso mantra e meditemos todo dia. Os que possuem uma atitude devocional podem também recitar os 108 Nomes ou os 1.000 Nomes da Divina Mãe (ou da deidade de sua preferência).

As ações que devem ser executadas em ocasiões especiais são chamadas de *naimithika karma*. Faz-se uma cerimônia especial quando um bebê recebe um nome, em sua primeira refeição de comida sólida, em seu primeiro aniversário etc. Todo ano devemos oferecer oblações às almas que já partiram, nossos ancestrais. E todo ano, brâmanes praticam uma cerimônia em que se desfazem de seus mantos sagrados e vestem novos. Existem muitos rituais como esses para serem feitos em ocasiões específicas, esses são somente alguns exemplos.

A Amma pede para ajudarmos ou servirmos aos outros sempre que tivermos a oportunidade. Ela até diz que, se não tivermos uma oportunidade para servir, devemos criá-la. Talvez não tenhamos oportunidades assim todos os dias, mas se nos esforçarmos, podemos, sem dúvida, achar maneiras de ajudar aos outros. Podemos visitar hospitais, casas de repouso, orfanatos ou outros estabelecimentos afins em intervalos regulares e ajudá-los no que for preciso.

Além disso, muitas pessoas não têm a chance de recitar a *archana* em um grupo diariamente. Neste caso, elas podem se reunir com outros devotos uma vez por semana ou uma vez por mês e participar da *archana*, meditação e *bhajans* em grupo. Essa forma de *satsang*, juntamente com o serviço abnegado, pode ser considerada como o *naimithika karma* dos filhos da Amma.

Depois, algumas ações nunca devem ser feitas (*nishiddha karma*). As escrituras nos dizem para não mentir, não roubar, não machucar, não odiar, não trair ou maldizer os outros. Mesmo assim, analisando nossas vidas, descobriremos que praticamos essas ações proibidas ao menos de vez em quando. Isso significa que estamos fortalecendo essas tendências negativas e, ao invés de conquistar vibrações boas e positivas que receberíamos se estivéssemos seguindo as escrituras, estamos gerando vibrações negativas. Essas negatividades, por sua vez, se tornam um obstáculo para nossas práticas espirituais.

A Amma diz claramente que, quando temos intenções maldosas em relação a uma pessoa, devemos nos lembrar que a Amma está naquela pessoa também. Ou quando sentimos raiva de alguém, devemos pensar em algo bom que aquela pessoa fez por nós no passado. A Amma faz essas sugestões para nos afastar de *nishiddha karma* ou das ações proibidas das escrituras.

Finalmente, existem ações remediadoras, que podemos fazer para anular ou para reduzir os resultados negativos aos quais estamos destinados a experimentar por causa das ações ruins que executamos intencionalmente. Essas são chamadas de *prayaschitta karma*.

As escrituras descrevem diferentes classes de *prayaschitta karma*, dependendo do tipo e do grau da ação que causou dor.

Há certos rituais e observâncias, assim como a doação de determinadas coisas para a caridade. Elas também dizem que os efeitos das ações nocivas que praticamos podem ser reduzidos ou eliminados praticando *tapas* sob a condução de um guru ou pela graça de Deus.

Muitos devotos descobriram que seu mapa astrológico predizia uma tragédia em algum ponto de suas vidas. É claro que estes incidentes faziam parte de seu destino por causa de ações praticadas no passado. Em tais casos, a Amma geralmente recomendava uma disciplina como jejum ou voto de silêncio em algum dia particular, todas as semanas, por meses ou anos. Sempre que o devoto praticava *prayaschitta karma* com fé, de acordo com as instruções da Amma, o desastre era evitado.

As escrituras também nos pedem para praticar o *panchamahayagna* (cinco grandes sacrifícios). Ao ouvir a palavra sacrifício, muitas vezes pensamos que significa matar um animal e oferecê-lo a Deus. Na verdade, no *Sanatana Dharma*, sacrificar-se não tem ligação alguma com matar. Neste contexto, o sacrifício significa compartilhar. Nós sacrificamos nosso próprio conforto e desejos egoístas para desenvolver o espírito do compartilhamento com todos: seres humanos, animais e plantas. Isso ajuda a manter a harmonia na natureza e no mundo.

Consciente ou inconscientemente, todos nós matamos seres vivos. Quando andamos, podemos inadvertidamente matar insetos ou qualquer outro pequeno ser vivo. Há também muitos insetos na casca da lenha que queimamos para cozinhar ou aquecer nosso lar, quando muitos insetos morrem. Quando um mosquito pousa em nós, o matamos. Trafegando por uma auto-estrada, nosso para-brisa fica coberto de insetos mortos. Podemos até atropelar um cervo ou algum outro animal. Inadvertidamente, matamos inúmeras criaturas em nossas vidas. Então, as escrituras nos dão cinco diferentes tipos de *yagnas* (sacrifícios) que podemos fazer para anular os efeitos das ações nocivas que praticamos sem saber e para expressar nossa gratidão a Deus, aos cinco elementos, aos outros seres humanos, aos animais e aos nossos ancestrais. Nossa vida só é possível pela ajuda que recebemos dessas cinco fontes.

O primeiro *yagna* descrito pelas escrituras é o Brâman *yagna*, que é aprender (pelo estudo das escrituras) sobre Brâman e ensinar o que aprendemos aos outros. Brâman *yagna* é sugerido como uma expressão de gratidão a Brâman ou Deus. Como Brâman é a fonte de tudo, devemos nossa própria existência a ele. Não é para Deus que praticamos este *yagna* – o reconhecimento de nossa dependência de Deus nos ajuda a cultivar a humildade, e o compartilhar os valores morais e espirituais contidos nas escrituras ajuda a manter a harmonia na sociedade. Na verdade, Deus não quer, nem precisa de nossa adoração. Ele é pleno e perfeito. A Amma diz que o Sol não precisa da ajuda da vela. O Sol dá luz para todo o mundo, então qual a utilidade da vela para o Sol? Da mesma maneira, Deus não necessita de nossa adoração. Fazemos adorações somente para nosso próprio benefício.

Nos tempos antigos, somente os brâmanes (classe dos sacerdotes) eram autorizados a praticar este *yagna,* porque somente os brâmanes podiam estudar as escrituras. No entanto, muitos dos filhos da Amma estão praticando este *yagna* todo dia. Quando encontramos nossos amigos, é comum falarmos sobre a Amma. Como ela é uma com Deus, quando falamos dela estamos falando, na verdade, de Deus.

O próximo *yagna* que as escrituras sugerem que realizemos é o *pitr yagna*, ou os rituais que fazemos pelos nossos ancestrais. Na Índia, a maneira mais comum de fazer este *yagna* é oferecendo um punhado de arroz (ou qualquer outro alimento de primeira necessidade) para os corvos com a intenção de que os nossos ancestrais que já se foram sejam beneficiados por nossas preces e nutridos pela comida que ofertamos. Pode parecer inútil oferecer comida para uma pessoa morta, que já não pode mais comer, mas de acordo com os Vedas, os espíritos desencarnados existem em um plano intermediário chamado *pitr loka* (mundo dos que já partiram) até assumirem um novo corpo. Neste plano intermediário, eles sentem fome e sede, mas não podem consumir nada por conta própria. As vibrações sutis da comida que oferecemos a eles é a comida para seu corpo sutil. Nossas orações aumentam seu progresso espiritual e ajudam-nos a obter um nascimento mais elevado.

O *pitr yagna,* com todos os rituais prescritos nos Vedas, é feito somente uma vez por ano. Em algumas famílias muito ortodoxas, é feito todo mês, mas é suficiente fazê-lo uma vez por ano. Quando a Amma conduz *Devi Puja* ou *Atma Puja,* ela pede que rezemos pela paz de nossos ancestrais mortos. Desta forma também estamos praticando este *yagna.*

O terceiro *yagna* é o *deva yagna.* Na tradição do *Sanatana Dharma,* existem deidades associadas a cada um dos elementos e aspectos da criação, tais como terra, ar, fala, ação, mente, inteligência etc. Da mesma forma que a mesma eletricidade alimenta diferentes aparelhos, todas essas deidades são consideradas diferentes aspectos de Deus. Apesar de Deus ser um, sua potência pode se tornar acessível para nós por meio de diferentes nomes e formas para fazer frente às nossas várias necessidades diárias. Cada um desses nomes e formas possui uma aplicação e expressão diferente.

Os *devas* venerados no *deva yagna* são as deidades que presidem as forças da natureza. A natureza nos dá gratuitamente ar, água, luz e terra. Talvez tenhamos que pagar uma empresa pela água ou pela eletricidade, mas a natureza não nos cobra coisa alguma. Como estamos em débito com as forças da natureza, devemos expressar nossa gratidão às deidades governantes pelo *deva yagna.*

No início do *Devi Puja,* a Amma realiza o *devi yagna* em nosso benefício. Incorporando todos os cinco elementos, ela pega um pote contendo água pura, o santifica com cinza sagrada (representando a terra), acena com a cânfora ardendo (representando o fogo) enquanto toca um sino (cujo som representa o espaço). Então, ela assopra (representando o ar) a água, transmitindo seu *prana shakti* (força vital).

O quarto *yagna* é chamado *bhuta yagna* e é o serviço que prestamos aos outros seres vivos. Na Índia, geralmente as vacas recebem um cuidado especial porque são consideradas sagradas. Igualmente, a planta do *tulasi* (manjericão) é considerada sagrada, e os devotos dedicados prestam suas homenagens a ela diariamente. Muitas casas no Ocidente têm gatos ou cachorros como animais de estimação. É claro que não podemos ajudar todos os animais. No entanto, qualquer ajuda que possamos dar a qualquer animal ou planta que encontremos é o suficiente. As escrituras dizem que mesmo que não tenhamos um animal em casa, é suficiente alimentar pássaros, cervos, gado, esquilos ou ainda regar uma planta ou cuidar de uma árvore. Muitos animais desempenham papéis importantes em tornar nossa vida possível. Cuidar de um ou dois animais ou pássaros feridos ou trabalhar para a proteção de espécies ameaçadas são maneiras de mostrar gratidão e retribuir nosso débito com todos os outros seres vivos. A iniciativa internacional Green Friends (amigos verdes), da Amma, proporciona uma oportunidade para seus filhos praticarem *bhuta yagna*.

Finalmente, há o *nara yagna*, ou o serviço ao ser humano. Sempre que encontramos alguém precisando de ajuda, devemos ajudar sem esperar qualquer coisa em troca. Se encontrarmos uma pessoa idosa com dificuldades em atravessar a rua, simplesmente devemos ajudá-la. A essência do *yagna* é o sacrifício ou o altruísmo. Qualquer ação feita sem esperar retorno é *yagna*. Quando ajudo uma pessoa sem esperar recompensas, minha ação se torna um verdadeiro sacrifício – um *yagna*.

Muitos dos filhos da Amma ajudam a manter suas atividades humanitárias de uma forma ou de outra. Quando doamos dinheiro ou oferecemos outra forma de assistência às obras de caridade da Amma, como trabalho voluntário em seu projeto de construção de casas na Índia (Amrita Kutteram) ou no programa de alimentação dos pobres (nos Estados Unidos, chamado Mother's Kitchen) ou em qualquer outros dos numerosos projetos que a Amma promove para aliviar o sofrimento dos pobres e necessitados, realizamos *nara yagna*.

O propósito de todas essas atividades não é simplesmente satisfazer o que as escrituras dizem. Todos esses *yagnas* existem para nosso benefício. Quando desempenhamos essas tarefas com sinceridade, nos tornamos expansivos – crescemos espiritualmente. Se fizermos essas ações por obrigação, da mesma forma que vamos ao trabalho simplesmente porque devemos, não receberemos o benefício máximo. A Amma dá um bom exemplo. Muitas vezes, quando alguém doa algo a um templo ou a uma organização humanitária ou espiritual, a pessoa gosta que os outros saibam quem fez a doação. Para ilustrar esse tipo de atitude, a Amma diz: se alguém doa uma lâmpada fluorescente e escreve nela "doado por tal pessoa", ela emite somente metade da luz porque a outra metade bloqueada pela declaração pintada. Não há dúvida que esse tipo de doação tem a intenção de ajudar, mas cumpre também um papel na busca por reputação e fama. Em tais casos, a pessoa doa algo para o templo pensando que é um ato de adoração, mas não entende a verdadeira essência da devoção. Quando doamos dinheiro para uma causa espiritual ou humanitária, devemos pensar que o dinheiro nos foi dado por Deus e que agora o estamos devolvendo.

Tudo o que o mestre nos aconselha ou instrui a fazer está em perfeita concordância com as escrituras. Nós vimos que Amma deu instruções claras sobre os cinco tipos de ação e os cinco grandes sacrifícios que coincidem com os preceitos das escrituras. Não devemos nos preocupar se não conseguimos lembrar todos os cinco tipos de ação, ou se não conseguimos decorar os cinco grandes sacrifícios. As escrituras dizem que seguir os ensinamentos de um mestre com sinceridade compensará qualquer lapso que possamos cometer em respeito aos ensinamentos das escrituras.

É claro que o conhecimento das escrituras por si só não é suficiente. A Amma diz que precisamos tanto da visão das escrituras quanto da força da prática espiritual para eliminarmos nossas negatividades e para nos segurarmos firmemente em Deus. ❖

Capítulo 23

A espiritualidade em ação

A dorar a Deus não é algo para ser feito somente em determinados momentos ou em certos dias, assim como a *sadhana* (prática espiritual) não se limita a meditar e recitar mantras. Como a Amma diz, toda e qualquer ação em nossas vidas deve se tornar *sadhana*. Caso contrário, nossa prática espiritual ficará confinada somente às meditações matinais ou às preces noturnas. No caso da Amma, até suas brincadeiras de criança eram uma forma de *sadhana*. Quando tinha cinco ou seis anos, ela brincava nos canais com seus amigos. Eles mergulhavam para ver quem conseguia ficar mais tempo sem respirar. Quem ficasse mais tempo, ganhava. A Amma mergulhava resoluta de que não voltaria até que tivesse cantado seu mantra por um determinado número de vezes – talvez 100 ou 150 vezes. Algumas vezes, ela ficava submersa por mais de 2 minutos. As outras crianças até se assustavam, pensando que ela tinha se afogado. Para os que estavam de fora, talvez parecesse que a Amma estava somente tentando ganhar o jogo. Mas, na verdade, mesmo na brincadeira, ela estava fazendo sua prática espiritual.

As crianças também costumavam jogar pique esconde. Às vezes, a Amma subia até o topo de uma árvore para que os outros não a vissem. Então, ela se imaginava como o Senhor Krishna e a seus amigos como os amigos de infância de Krishna, as *gopis* (moças que ordenhavam as vacas) e *gopas* (rapazes que cuidavam do rebanho). Também nesta brincadeira, ela estava sempre pensando em Deus.

Na aldeia onde a Amma cresceu, ninguém tinha água encanada. Todos tinham que contar com as poucas fontes de água públicas. E, naquela época, não havia nem mesmo uma bomba para puxar a água, as pessoas contavam com um moinho atrelado ao poço. Quando o vento soprava, a roda girava e podia-se pegar água da torneira. Mas se o vento não estivesse soprando, não havia escolha senão esperar. Quando isso acontecia, os moradores da aldeia ficavam inquietos e impacientes de pé na fila ao lado do poço; eles andavam de um lado e até blasfemavam em voz alta. Somente a Amma, que ia lá para pegar água para toda a sua casa, permanecia calma. Ela aproveitava o tempo para se lembrar de Deus, fechando os olhos e cantando seu mantra silenciosamente. Por causa de sua atitude, tudo o que ela fazia se tornava uma prática espiritual.

É claro que a Amma não tinha necessidade de fazer qualquer *sadhana*, pois ela já nasceu iluminada. Ela agia desta forma somente para servir de exemplo aos outros. Se praticarmos dessa forma, ao invés de termos somente uma ou duas horas de *sadhana* por dia, poderemos converter muitas de nossas atividades diárias em *sadhana*.

Existe um devoto que vem muitas vezes a Amritapuri e que toda vez se oferece para ajudar na limpeza do chão do monastério. Depois que Amma distribui o *darshan* para milhares de visitantes, o chão fica quase sempre coberto dos papéis das balas que a Amma dá como *prasad*. Este devoto passa horas catando cada papel com a mão. Vendo isso, outro devoto ofereceu-lhe uma vassoura, perguntando: "Por que você não usa uma vassoura? É muito mais rápido." O primeiro devoto sorriu e educadamente recusou: "Quando eu vejo essas embalagens no chão, eu não as vejo como lixo. Essas embalagens são *prasads* da Amma – ela segurou cada uma delas com a mão. Eu não me importo de passar horas a fio catando todas elas. Quando eu as pego do chão, eu me lembro que cada uma foi tocada e abençoada pela Amma."

A Amma diz que tudo o que dizemos, fazemos e pensamos é espiritualidade, se for feito da maneira correta.

Quando comparamos a duração de nossa vida com a duração do Universo, vemos que nossa vida é muito curta. Não devemos ser descuidados e achar que temos 60 ou 80 anos para praticar *sadhana* e atingir nosso objetivo. Na verdade, não temos todo esse tempo. Passamos aproximadamente um terço da vida dormindo. Logo, dos 80 anos, dormimos cerca de 27. Fora isso, gastamos mais de 25 anos em brincadeiras de infância e na busca dos objetivos da juventude. A maioria das pessoas trabalha oito horas por dia por 40 anos – são mais 13 anos durante os quais não podemos realmente nos envolver na prática espiritual. Então, ao fim da vida, ficamos fracos e incapazes de executar longas horas de *sadhana* – e aí se vão mais 10 anos. Isso significa que, mesmo que vivamos 80 anos, só temos realmente cinco anos para fazer nossas práticas espirituais e, até nessas horas, haverá inúmeros problemas e distrações. Por isso é tão importante aprendermos a converter todas nossas ações em *sadhana*. Não importa se estamos cuidando de um cônjuge ou de uma criança ou trabalhando; devemos tentar desenvolver uma atitude através da qual possamos executar todas essas ações como *sadhana*. Mesmo nossos problemas na vida podem se tornar *sadhana* se, na adversidade, formos capazes de nos lembrar de Deus. Por isso a Amma diz que todas as dificuldades em sua vida foram gurus para ela.

A maneira mais fácil de converter nossas ações em *sadhana* é executá-las com o espírito de devoção. Isso significa que nós empregamos nossos maiores esforços e depois entregamos os resultados de nossas ações aos pés do Senhor. Quando agimos com este entendimento, sabemos que fizemos nosso melhor e que Deus é quem determina o resultado.

As escrituras dizem que, se colocamos tudo o que fazemos aos pés de Deus, não estaremos atados carmicamente ao resultado da ação. Caso contrário, teremos que vivenciar a reação ou o resultado. Por exemplo, se machucamos alguém ou roubamos algo, naturalmente o resultado é que iremos para a cadeia. Se escaparmos da punição nesta vida, definitivamente ela virá em um nascimento futuro. É por isso que vemos tantas pessoas sofrendo neste mundo. Elas podem não ter feito nada de errado nesta vida, e ainda assim muitos acontecimentos desfavoráveis acontecem. Isso se dá por causa dos atos feitos em nascimentos anteriores. Simplesmente, estão vivenciando os resultados de suas próprias ações.

A vida atual é uma continuação de nossas vidas passadas. Os resultados de nossas ações passadas que ainda não vivenciamos deverão ser vivenciados algum dia, hoje ou no futuro. Por exemplo, algumas pessoas nascem em circunstâncias muito difíceis. Uma pessoa nascida em uma situação muito dolorosa deve ter feito alguma ação danosa em uma vida anterior. Do contrário, poderíamos dizer que Deus é cruel. É claro que isso não significa que as pessoas que estão passando por muitas dificuldades devem se sentir culpadas por terem feito coisas ruins em outras vidas. Todos nós tivemos muitas vidas neste mundo, fizemos muitas ações que provocaram dor e estamos sofrendo os resultados disso. Até que realizemos nosso Verdadeiro Ser, não seremos infalíveis.

Na verdade, Deus é imparcial. As ações que fazemos retornam para nós como reações. Esta é a lei do carma. Quando agimos com a atitude "eu estou fazendo", naturalmente o resultado – bom ou ruim – virá para nós, não para nosso vizinho. Cada um tem um débito cármico que deve ser quitado. É claro que *Mahatmas* como a Amma podem aliviar nosso sofrimento removendo ou reduzindo o problema ou nos dando força para suportá-lo. O importante é nos esforçarmos ao máximo para não criarmos ainda mais *prarabdha* negativo. É por isso que a Amma sempre nos alerta para que sejamos sempre cuidadosos em cada pensamento, palavra ou ato – são os pensamentos, ações e palavras do presente que determinam nossas experiências no futuro. Se você está sofrendo muito nesta vida, tente pensar que está esgotando uma grande parte do *prarabdha* existente.

A vida de cada ser vivo é uma constante luta para reduzir a dor e aumentar a felicidade. No esforço para conquistar a felicidade pessoal, algumas vezes causamos dor e pesar aos outros, intencionalmente ou não. Todo ser vivo é cercado por uma aura, uma camada sutil na qual são gravados os nossos pensamentos, ações e palavras. Trazemos esta aura conosco quando nascemos, e ela nos acompanha após a morte. Quando causamos dor e sofrimento aos outros intencionalmente, isso fica gravado em nossa aura e um dia nos trará aflição e sofrimento. Por outro lado, se levamos alegria e paz aos outros, essas ações inevitavelmente trarão mais bênçãos e felicidade para nossa vida. Mais uma vez, esta é a lei do carma. É por causa desta lei que nossa vida passa como um pêndulo, oscilando entre a dor e o prazer.

Um aspirante espiritual que deseja quebrar o ciclo de nascimento e morte deve aprender a fazer de cada ação uma oferenda a Deus. Para um aspirante espiritual, até o resultado de uma boa ação se tornará uma amarra, se ele estiver preso ao resultado. É como estar amarrado por uma corrente de ouro. Se a corrente que nos prende é de ferro ou de ouro não faz diferença, pois estamos presos de qualquer forma. Enquanto estivermos ligados aos resultados, mesmo que tenhamos feito somente boas ações, teremos que passar por outro nascimento, somente para usufruir esses bons resultados. Boas e más ações nos prendem igualmente enquanto elas forem feitas com um sentido de ego, de "eu que estou fazendo". Se quisermos nos livrar dessa prisão, devemos agir com um espírito de devoção e entrega.

Naturalmente, só podemos oferecer boas ações ao Senhor. Não podemos cometer um assassinato ou outro crime e pensar que estamos oferecendo a Deus e por isso podemos escapar das consequências dessas ações. Se cometermos qualquer má ação, experimentaremos, sem dúvida, seu resultado.

A verdadeira adoração é quando oferecemos algo a Deus sem qualquer expectativa. Quando esperemos algo em retorno, não é uma adoração verdadeira. Ao contrário, é como uma transação comercial – estamos barganhando. Quando executamos todas as ações como uma oferenda a Deus, aceitamos os resultados dessas ações como um presente de Deus. Não ficamos chateados com o resultado da ação, seja qual for – seremos capazes de aceitá-lo como Deus nos deu. Geralmente, se nossas ações não produzem o resultado desejado, ficamos deprimidos e chateados. No entanto, se tivermos uma atitude de entrega e aceitação e o resultado não for o que esperávamos, não ligaremos. A atitude adequada é: "Ok, o Senhor me deu força e energia para fazer essa ação. Agora que eu a fiz, eu a ofereço a seus pés. Eu não peço nada. Que eu possa aceitar qualquer que seja sua vontade". Pensando assim, seremos capazes de acolher os altos e baixos da vida com equanimidade.

No "Bhagavad Gita", o Senhor Krishna declara:

karmaṁi evṛdhikṛras te mṛ phaleñu kadṛcana

Você só tem controle sobre seus atos,
Não sobre seus frutos (resultados)

2.47

Isso não significa que o Senhor quer que trabalhemos sem receber remuneração. Na verdade, aqui Krishna explica uma das leis básicas da natureza, tão impessoais quanto as leis de Newton sobre o movimento. Ele simplesmente diz que nós não temos controle sobre todos os fatores que influem sobre o resultado de nossas ações.

Assim, os resultados nem sempre serão como achamos que deveriam ser. A inteligência universal, que também é chamada de Deus, determina o resultado.

A Amma dá um exemplo lindo sobre isso. Suponha que tenhamos um punhado de sementes na mão e fervorosamente rezemos a Deus para que brotem. Mesmo Deus sendo onipotente, e mesmo que nossas preces sejam sinceras, as sementes não brotarão enquanto permanecerem em nossas mãos. Para que brotem, temos que plantá-las em solo bom e fértil. Somente assim haverá alguma chance de brotarem. No entanto, existe alguma garantia que todas crescerão ou que cada planta dará a mesma produção? Os resultados são imprevisíveis, porque dependem de muitos fatores que estão além de nosso controle. Temos o direito de plantar as sementes, isso é tudo. Quando o Senhor Krishna diz que devemos nos concentrar em nossos atos e deixar os resultados para Deus, está dando um conselho prático.

Viver com entrega é uma maneira positiva de viver; não é pessimismo nem fatalismo. Quando cultivamos uma atitude de entrega e aceitação, conservamos nossa energia. Atualmente, quando algo sai errado em nossas vidas, nossa tendência é ficar com aquilo dando voltas na cabeça. Dessa maneira, perdemos muita energia e tempo. Se aceitarmos os acontecimentos com uma atitude positiva, pensando que é a vontade da Amma ou a vontade de Deus, podemos usar nosso tempo e energia de forma criativa.

Como filhos da Amma, é fácil cultivar uma atitude de entrega e aceitação. Se tivermos qualquer dúvida ou preocupação, podemos sempre pedir à Amma que nos ajude e oriente. Sem um mestre vivo, é mais difícil manter este tipo de atitude, pois não nos é possível conseguir orientação diretamente de Deus. Claro que Deus está sempre disponível, mas em geral não somos receptivos o bastante para receber a orientação Dele. Em tais situações, um mestre vivo, que veio até o nosso nível, é uma grande benção. Existem razões pelas quais as escrituras dizem que não devemos ficar muito preocupados com o resultado de nossas ações. Uma razão é que podemos perder nossa inspiração e entusiasmo. Se focarmos demais no resultado, ficamos tensos e às vezes até perdemos a força para continuar.

Após terminar a faculdade, candidatei-me a um emprego em uma empresa farmacêutica que me chamou para uma entrevista. O funcionário que me entrevistou perguntou coisas muito fáceis de responder. Eu me indagava porque este homem perguntava coisas tão simples. Eu esperava questões desafiadoras, porque era um emprego muito bom. Contudo, todas as questões eram simples, então pensei que talvez ele já tivesse decidido contratar um dos outros candidatos e que a minha entrevista era somente uma formalidade. A ideia que eu não conseguiria o emprego criou algumas distrações em minha mente.

De repente, o entrevistador fez uma pergunta inesperada: "De que lado está localizado o coração do sapo? Direito ou esquerdo?" Pergunta tão simples. Eu havia dissecado sapos e traçado seu sistema vascular tantas vezes nas aulas de zoologia que sabia muito bem de que lado ficava seu coração. Mas, naquele momento, minha mente estava dividida, preocupada que algum outro candidato já tivesse conseguido a vaga. Eu já estava pensando sobre qual deveria ser meu próximo plano no caso de não conseguir o emprego. Quando o entrevistador perguntou, eu respondi erradamente: "Do lado esquerdo." É desnecessário dizer que não consegui o emprego.

Por que eu não pude responder uma questão tão simples? Não pude responder corretamente porque estava demasiadamente preocupado com o resultado da entrevista. Muitas vezes acontece de desempenharmos uma tarefa de forma sofrível porque estamos mais focados no resultado do que na tarefa em si. Por isso é que a Amma sempre nos diz para nos concentrarmos mais na ação presente ao invés de pensar em seus frutos. Se formos mais cuidadosos e atentos em nossos atos, o futuro cuidará de tudo.

Sempre que nos acharmos em circunstâncias que fogem ao nosso controle, devemos tentar tomar a situação como enviada por Deus e tentar ser sinceros em nossas responsabilidades. Assim, estaremos adorando a Deus.

Por exemplo, temos que cuidar bem de nossas crianças. Esse é nosso dever. Se as crianças não corresponderem ao nosso amor, não devemos nos ressentir disso. Devemos tentar nos focar somente em executar nossa tarefa, não nos resultados da ação. Este é o espírito próprio da devoção.

Suponha que eu queira viver com a Amma em seu *ashram* na Índia, mas eu não possa, por causa das inúmeras responsabilidades que tenho com minha família. Existem muitas pessoas assim. Para elas, a Amma diz: "Qualquer que seja sua obrigação diante de sua família, execute-a com devoção, pensando que sua família lhe foi dada pela Amma e que a Amma lhe deu a responsabilidade de zelar por ela. Isso é tão bom quanto adorar a Amma".

Há muitos anos, quando eu trabalhava em um banco, queria deixar meu emprego e permanecer no *ashram* o tempo todo, mas eu não podia, porque tinha alguns compromissos financeiros com a minha família. Achava que estava perdendo tempo trabalhando no banco, mas a Amma me disse: "Essa não deve ser sua atitude. Você deve tentar amar seu emprego. Quando os clientes chegarem até você, pense que eu os estou enviando. Por meio do serviço sincero a eles, você estará adorando a Amma, e não será uma perda de tempo".

Sempre que se encontrar em uma situação desconfortável da qual não consiga escapar, tente não se aborrecer com as circunstâncias. Pense que essa situação lhe foi dada pela Amma por enquanto e tente responder à situação com sinceridade e dedicação.

Tente se lembrar que, nos colocando em diferentes situações e circunstâncias, a Amma está nos moldando para nos tornarmos instrumentos perfeitos para receber sua graça. Por fim, agir com um espírito de devoção e entrega eliminará, em última instância, nosso ego e nos ajudará a perceber nossa divindade inata – nossa unidade com a Verdade Suprema. ❖

Capítulo 24

Como reconhecer um Mahatma

Era uma vez, uma famosa domadora de leões. Ela fazia truques que ninguém havia tentado com os mais ferozes felinos de circo. Uma plateia aterrorizada sempre enchia a arena toda vez que ela se apresentava e deslumbrava a todos com seus feitos audaciosos.

Primeiro, ela demonstrava a força natural do leão, acenando para que rugisse, aparentando que estava prestes a atacar. Então, ela fazia uma série de truques com o leão mostrando que ela não tinha o menor medo das feras. O ponto alto de sua apresentação era colocar um torrão de açúcar na língua e permitir que o leão o lambesse. Sempre que ela fazia este número, a multidão vibrava.

Em uma dessas apresentações, mulá Nasruddin estava no meio da multidão. A domadora de leões iniciou seu número; a multidão vibrava, cada vez mais excitada, aplaudindo toda vez que ela colocava os leões ferozes à prova. Finalmente, ela chegou ao fim. Em frente ao maior e mais feroz dos leões, ela se ajoelhou e colocou um torrão de açúcar em sua língua. O leão gentilmente removeu o cubo de açúcar. A multidão veio abaixo diante de seu ato de coragem. No entanto, a voz do mulá foi ouvida sobre a multidão: "Isso não é nada! Qualquer um pode fazer isso!" Ouvindo seus comentários, a domadora saiu da jaula e se dirigiu até onde o mulá estava de pé.

Ela o desafiou, dizendo: "Você disse que qualquer um pode fazer isso. Você pode fazer isso?"

O mulá retrucou: "Se o leão pode, qualquer um pode."

O mulá não percebera o óbvio – ele se comparava ao leão ao invés de se comparar com a domadora, pensando que não era necessária muita coragem da parte do leão para fazer aquilo. Essa história nos mostra que duas pessoas podem ver a mesma cena e enxergar coisas muito diferentes. Tudo depende de nossa perspectiva. Por isso que muitas pessoas recebem o *darshan* da Amma não percebem sua grandeza, enquanto outras se sentem inspiradas e transformadas.

Muitos anos atrás, dois seguidores vieram ao *ashram* para conhecer a Amma. Eles haviam visitado muitos monastérios sem achar um guru que os tivesse impressionado e inspirado. Eles haviam ouvido que a Amma era uma mestre realizada e decidiram ver com seus próprios olhos.

Naquela época, a Amma tinha muito tempo livre durante o dia. Então, ela podia fazer muitas coisas que hoje não pode mais: ela passava horas em *samadhi* todo dia e ajudava na cozinha fazendo comida para os *brahmacharins* e para os devotos. Ela também passava algum tempo brincando com as crianças da vizinhança. Quando os dois visitantes chegaram, eles viram a Amma correndo por todo lado, gritando e rindo, enquanto brincava com as crianças.

Alguns *brahmacharins* e eu estávamos de pé por ali, observando a *lila* (brincadeira divina) da Amma. Os recém-chegados se aproximaram e me fizeram algumas perguntas. Eu disse a eles que trabalhava em um banco vizinho, mas morava no *ashram*. Os homens me perguntaram onde eles podiam achar o guru do monastério. "Ela está bem ali," respondi, apontando para a Amma.

"Você quer dizer que é aquela garota brincando com as crianças?", os homens me perguntaram incrédulos. Naquela época, a Amma estava na casa dos 20 e, quando ela brincava com as crianças, parecia ainda mais jovem.

"Sim, sim", eu os assegurei. "Ela é nossa guru." Eu disse aos homens que, se esperassem alguns minutos, poderiam falar com a Amma e receber seu *darshan*.

Os homens discutiram entre eles e, sem dizer uma palavra, partiram.

Vinte anos depois, os mesmos homens retornaram ao *ashram*. Perguntaram por mim e vieram até meu quarto. "O senhor se lembra de nós, *Swamiji*?", perguntaram. Eu tive que admitir que não. Eles me recordaram de breve interação que tivemos tantos anos antes e explicaram que, naquela primeira visita, eles haviam vindo com uma visão pré-concebida sobre como deveria ser um guru. Como a Amma não estava agindo da forma que eles esperavam de um guru, eles simplesmente partiram, tomando a Amma por uma garota normal. Com o passar dos anos, eles ouviram falar cada vez mais da Amma e, finalmente, se convenceram a retornar ao *ashram*.

Quando tomaram o *darshan* da Amma, ambos despencaram em lágrimas, entendendo o quão tolos haviam sido. Um deles se lamentou chorando por muito tempo, tendo dificuldades em suportar seu erro.

Existe um antigo provérbio sobre o rio sagrado Ganges. Ele diz que, enquanto tantos cruzam a Índia para se banharem nas águas sagradas, outros que vivem em suas margens preferem tomar banho de chuveiro em suas próprias casas. Da mesma forma, esses dois homens estavam tão perto da Amma em um tempo que poderiam ter tido toda a atenção dela. Infelizmente, eles não conseguiram reconhecer sua grandeza naquela época.

Outra coisa que a Amma costumava fazer quando tinha mais tempo livre era ajudar no trabalho de construção e limpeza do *ashram*. Naqueles tempos, vivíamos em cabanas de telhado de sapê. Todo ano, tínhamos que trocar o sapê que somente aguentava uma estação de chuvas pesadas das monções. Os poucos *brahmacharins* que permaneciam no *ashram* naquela época nunca haviam morado em cabanas antes e não sabiam trançar um telhado de sapê. A Amma sempre trabalhava com eles, guiando seus esforços; precisávamos de muita supervisão para construir os telhados devidamente.

Um dia, quando estávamos trocando o sapê, apareceram dois visitantes. Eles viram a Amma trabalhando junto de nós, gritando instruções para o outro lado, para aqueles que estavam mais longe. Os recém-chegados observaram a Amma por algum tempo. Finalmente, eles partiram sem se aproximarem dela. Naquele momento, a Amma se virou para alguns de nós e comentou: "Eles vieram aqui procurando um guru. Eles esperavam achar um guru sentado muito dignamente em um trono com atendentes o abanando e servindo. Ao invés disso, eles viram um guru executando trabalho braçal com uma roupa manchada e berrando instruções. Convencidos de que a Amma era somente uma garota simples da vila, eles partiram. Se eles tivessem uma verdadeira sede por um guru, teriam ficado e esperado para me conhecer. No entanto, eles voltarão na hora certa." Alguns anos depois, aqueles dois realmente voltaram e, desde então, são devotos fervorosos da Amma.

Nem sempre podemos tirar uma conclusão acurada pelas aparências. Me lembro de uma piada a esse respeito: existia um professor que pesquisava baratas. Finalmente, ele estava pronto para divulgar suas descobertas com uma demonstração ao vivo. Ele colocou uma barata em cima da mesa e disse a ela para correr. A barata correu pela mesa. Ele a pegou antes que passasse da beirada da mesa e, colocando-a de volta em sua posição original, removeu uma de suas pernas. Então, de novo instruiu a barata para correr, deixando-a livre sobre a mesa. A barata correu. Ele segurou a barata e removeu mais uma perna. Ainda assim, a barata foi capaz de correr, e continuou a correr, e então a mancar, e a se arrastar conforme suas pernas iam sendo removidas. Finalmente, ele puxou a última perna e, outra vez, instruiu para que ela corresse. Desta vez, a barata não se moveu. Afinal, como podia ir a qualquer lugar sem as pernas? Sorrindo, o professor olhou para o público curioso e anunciou orgulhosamente sua descoberta revolucionária: "Quando a barata não tem pernas, ela fica surda." O professor observou o comportamento da barata e tirou uma conclusão errada. Da mesma forma, alguém pode observar o comportamento de um *Mahatma* e falhar em reconhecer o que ele é.

Quando encontramos um *Mahatma*, devemos tentar estar abertos e receptivos, sem julgar suas ações externas. Nem todos que veem a Amma podem reconhecê-la como um *Mahatma*, ao menos não imediatamente. Aqueles que são capazes de reconhecer ao menos uma pequena parte da grandeza da Amma são realmente abençoados. ❖

Capítulo 25

Som, visão, toque, pensamento: os métodos de iniciação de um mestre

A iniciação por um mestre em um mantra particular ou em uma prática espiritual pode acelerar enormemente nosso progresso ao longo do caminho espiritual. Algumas vezes, a iniciação produz resultados imediatos. Mais frequentemente, produz resultados definitivos em um longo período de tempo. Um dos métodos de *diksha* (iniciação) mais comuns – embora não menos importante – é através do mantra. Muitos de nós recebemos um mantra *diksha* da Amma. No entanto, *satgurus* podem nos iniciar de várias outras formas, dependendo de nossa receptividade. Se formos receptivos, o mestre pode nos iniciar simplesmente olhando para nós – isso é chamado *nayana diksha*, ou iniciação pelos olhos.

Um jovem veio ver a Amma pela primeira vez. A Amma estava em *Devi Bhava* naquele momento. Ele não entrou no templo para receber *darshan*, preferiu esperar do lado de fora. Depois de alguns minutos, repentinamente, começou a tremer e a pular como se houvesse levado um choque elétrico. As pessoas mantiveram uma distância, achando que estava possuído.

Ele então começou a dizer algumas palavras soltas, como se estivesse conversando com alguém que somente ele pudesse ver. Quando o *Devi Bhava* terminou, a Amma saiu do templo, e o jovem ainda estava falando palavras desconexas. A Amma cobriu a boca dele com a mão e disse a ele para não falar mais sobre o que estava vendo.

Logo depois, ele recobrou o estado de consciência normal. Ele nos contou então que, quando a Amma olhou para ele, ele sentiu uma força estranha emanando dela e penetrando nele. Então, ele viu a forma de Kali bem diante dele. Ele estava tentando explicar todas essas coisas, mas ninguém podia entender o que dizia, porque suas palavras ainda estavam desconexas. Este jovem trabalhava em um escritório e, após o incidente, não conseguiu trabalhar por uma semana. Durante esse tempo, parecia que estava em outro mundo – ele escreveu muitas canções devocionais e textos filosóficos ao longo deste período. Esse é um exemplo da força de *nayana diksha*. (Mais tarde, a Amma também deu a ele iniciação pelo mantra.)

Outro método de iniciação é o *sparsa disksha* (iniciação pelo toque). Para algumas pessoas, no momento em que Amma as toca, elas sentem algo como um choque correndo pelo corpo e experimentam uma transformação interna. Talvez a Amma abençoe todo e qualquer um que venha até ela com esse tipo de iniciação, sem que estejam cientes disso. A Amma diz que está plantando as sementes; quando a estação certa chegar, elas brotarão e darão frutos.

Existe ainda outro tipo de iniciação, chamado *pada diksha* ou iniciação pelo toque do pé. Esse tipo de iniciação é muito raro. Sei de uma ocasião em que a Amma deu *pada diksha*, mas de forma alguma isso é usual para ela. Quando um devoto se aproximou da Amma para o *darshan*, ela somente fechou os olhos.

Ninguém esperava o que ela fez em seguida – ela colocou o pé direito no peito do devoto. Eu já estava com a Amma há muitos anos e nunca tinha visto isso. Era a primeira vez que eu a via tocar um devoto com o pé. Imediatamente, o devoto pulou e começou a tremer, como se uma forte corrente elétrica estivesse passando por ele. Outro devoto correu para segurá-lo, mas a Amma disse: "Não o atrapalhe; ele está em êxtase. Deixe que ele faça o que quiser". Ele ficou tremendo por aproximadamente 20 minutos. Então, deitou-se no chão. A Amma contou que teve um sentimento forte para que tocasse esse devoto com o pé, e que ele havia rezado intensamente por um longo tempo para que a Amma fizesse isso.

Kabir foi um grande santo no Norte da Índia, nascido em uma família muçulmana. Kabir tinha um desejo imenso de se tornar discípulo de Ramanand, que era um mestre muito conhecido na época, mas Kabir era muçulmano, e Ramanand era Hindu.

Naquela época, havia uma rixa tão grande entre as duas religiões que os discípulos de Ramanand não podiam suportar a ideia de um muçulmano ser iniciado no meio deles, nem poderia a comunidade muçulmana permitir que Kabir recebesse a iniciação de um guru Hindu. No entanto, Kabir estava firme em seu propósito de receber iniciação de Ramanand e, para tal, elaborou um plano.

Kabir sabia que toda manhã, antes do amanhecer, Ramanand ia até o rio se banhar. Certa manhã, Kabir foi até a escadaria nas margens do rio, antes de Ramanand chegar, e se deitou em um dos muitos degraus que levavam até o sagrado Rio Ganga. Como ainda estava muito escuro, Kabir sabia que o guru não o veria deitado ali e, acidentalmente, pisaria nele. Na Índia, se nosso pé acidentalmente toca outra pessoa, nós tocamos essa pessoa e trazemos nossa mão até a testa como um sinal de respeito. Podemos também exclamar: "Ram, Ram" ou "Krishna, Krishna", da mesma forma que as pessoas dizem "Ops, desculpe!", no Ocidente.

Como esperado, quando Ramanand desceu a escada, acidentalmente pisou em Kabir. No momento em que pisou em Kabir, percebeu que havia pisado em um ser humano e, imediatamente, pediu perdão invocando o nome do Senhor. Ele continuava pisando em Kabir e gritava "Ram, Ram!". Kabir tomou essa combinação auspiciosa como a iniciação de Ramanand. Ele se prostrou aos pés de Ramanand e partiu.

O truque de Kabir funcionou. Ele foi tão devotado a Ramanand e ao mantra Ram que, finalmente, atingiu a Realização. Seus poemas em louvor à força do mantra e à graça do guru são apreciados por toda a Índia até hoje.

Existe outro tipo de iniciação chamado *smarana diksha*. *Smarana* significa lembrar ou pensar. Para dar *smarana diksha*, o mestre pensa no discípulo. Mesmo que o discípulo esteja longe do guru, ele receberá a iniciação.

Há muitos anos, um devoto da Amma visitou os Himalaias. Ele queria subir o mais alto possível. A jornada levaria muitos dias a pé. Pelo caminho, ele passou por uma cabana e, como estava anoitecendo, pensou em pedir permissão para pernoitar ali. Quando o devoto bateu à porta, não houve resposta. Ele esperou por algum tempo, mas ninguém apareceu. Como não havia outra cabana próxima, ele esperou por 10 ou 15 minutos. Finalmente, um rapaz saiu da cabana e perguntou o que ele queria. Ele respondeu que estava em peregrinação e precisava de um lugar para passar a noite. O jovem respondeu: "Estou sozinho, você é bem-vindo." O rapaz também parecia ser um aspirante espiritual, havia um brilho em seu rosto. E, de fato, após arrumar a cama para o visitante, o jovem sentou-se para meditar.

O devoto estava tão cansado que logo adormeceu, mas quando acordou, muitas horas depois, encontrou o rapaz ainda meditando. Mais tarde pela manhã, o devoto perguntou ao jovem sobre suas práticas espirituais. Ele disse que geralmente passava cinco ou seis horas em meditação contínua, sentado na mesma posição. O devoto ficou surpreso quando encontrou uma foto pequena da Amma na cabana. A Amma não era muito conhecida naquele tempo, então ele se perguntou como uma foto dela poderia ter chegado a uma região tão longínqua. Ele perguntou ao jovem de quem era a foto, sem revelar que era devoto da Amma. O jovem respondeu: "Um monge visitou o *ashram* da Amma no sul da Índia. Ele recebeu o *darshan* da Amma e ficou muito impressionado, então ele comprou uma pequena foto da Amma. Quando chegou aqui e me contou sobre a Amma, fiquei tão encantado por ela que ele deixou a foto comigo."

O jovem continuou: "Na mesma noite, durante minha meditação, senti a presença da Amma. Ela sussurrou um mantra em meu ouvido e desde então eu tenho recitado este mantra. Eu considero a Amma minha guru. Depois dessa experiência, a qualidade da minha meditação realmente melhorou." O devoto ficou muito impressionado porque este jovem fazia um prática espiritual muito intensa. Quando o devoto voltou a Amritapuri, ele contou à Amma sobre a experiência. A Amma disse: "Tenho muitos discípulos como esse meditando em lugares muito distantes. Eu não posso ir até eles, e eles não podem vir até a mim neste momento, então eu os guio dessa forma."

Um *brahmacharin* ficou muito doente no *ashram* certa vez, quando a Amma estava na Europa. Todos pensavam que ele ia morrer. Ele também pensou que sua vida estava chegando ao fim e chorava e rezava: "Amma, antes de eu morrer, preciso vê-la em carne e osso. A senhora está distante na Europa, mas por favor, tenha piedade de mim." Enquanto estávamos na Europa, recebemos uma ligação de um dos *brahmacharins* da Índia sobre as orações do doente. A Amma respondeu: "Ele não vai morrer. Estejam certos de que ficará bem." O *brahmacharin* que nos ligou da Índia também chorava, preocupado com a condição do enfermo. Ele implorou à Amma: "Por favor, dê a ele seu *darshan*. Mesmo que ele morra amanhã, ele ficará muito feliz em receber seu *darshan*."

Dois dias depois, um devoto ia da Europa para a Índia. A Amma pediu que ele levasse ao *brahmacharin* doente uma guirlanda que ela havia usado. Depois de receber a guirlanda, o *brahmacharin* começou a se restabelecer, como a Amma havia previsto. As bênçãos da Amma alcançaram o *brahmacharin* através da guirlanda. Essa era a única forma pela qual ela poderia ir até ele, porque o *brahmacharin* não havia evoluído o suficiente para ver a Amma em uma forma sutil.

A forma de iniciação que o *satguru* usa conosco depende de nossa receptividade e crescimento espiritual. Se nosso nível de consciência não é sutil o bastante para receber a iniciação, o mestre não trabalha conosco dessa forma. Por isso, a Amma diz: "Faça uso do mantra que dei a você." Por si só, nossa mente não é sutil. Se sentarmos para meditar por meia hora, seremos capazes apenas de nos concentrarmos por cinco minutos -e até para alcançar esses poucos minutos de concentração é muito, muito difícil. Até que tenhamos alcançado sutileza e concentração da mente, é melhor nos focarmos em cantar canções devocionais ou em repetir nosso mantra. Quando recebemos um mantra de um *satguru*, uma relação pessoal é estabelecida entre o guru e nós. O *mantra* é como um elo que nos conecta ao guru. Esse elo ou laço durará até que alcancemos nosso objetivo – a realização do Ser.

Amma diz que a relação que tem com muitos de seus devotos vem de nascimentos anteriores. Seu único propósito em encarnar de novo e de novo neste mundo é nos ajudar a atingir o objetivo da vida humana. Ela não tem nada a ganhar com isso, ela já conquistou tudo o que existe para conquistar. Nós somos muito afortunados em termos sido iniciados por um mestre espiritual como a Amma.

O mantra é como um veículo que nos carrega até o destino muito mais rapidamente do que se andássemos toda a distância a pé. Antes de receber o mantra, nosso progresso espiritual pode ser lento e instável. Quando recebemos o *mantra diksha*, uma parte do *prana shakti* do guru é transferida para nós. Depois de receber *prana shakti*, nosso progresso espiritual será acelerado, dependendo do esforço que empregarmos.

Muitos talvez se perguntem se recitar um mantra não seria acrescentar outro pensamento na mente, prejudicando a obtenção de um estado além dos pensamentos.

Amma diz: "Pelo *japa* podemos reduzir o número de pensamentos. Quando colocamos um aviso na parede dizendo 'não cole cartazes', proibimos que qualquer outro anúncio ou grafite seja afixado naquela parede. Essas três palavras nos livram de centenas de outras. Analogamente, a repetição do nome de Deus com concentração reduz o número de outros pensamentos em nossa mente."

Mesmo que não estejamos ganhando mais concentração recitando nosso mantra, devemos continuar a recitá-lo. A Amma diz que o som do mantra contém vibrações espirituais positivas, que têm um efeito benéfico sobre nós, qualquer que seja nosso nível de concentração.

Quando um *satguru* como a Amma dá um mantra, ele chega com um *sankalpa* poderoso, beneficiando quem o recebeu. O *satguru* está selando um compromisso de nos guiar ao objetivo da existência humana. Para receber o benefício máximo, temos que responder reciprocamente com nosso compromisso – da nossa parte, devemos obedecer com fé às instruções do guru. ❖

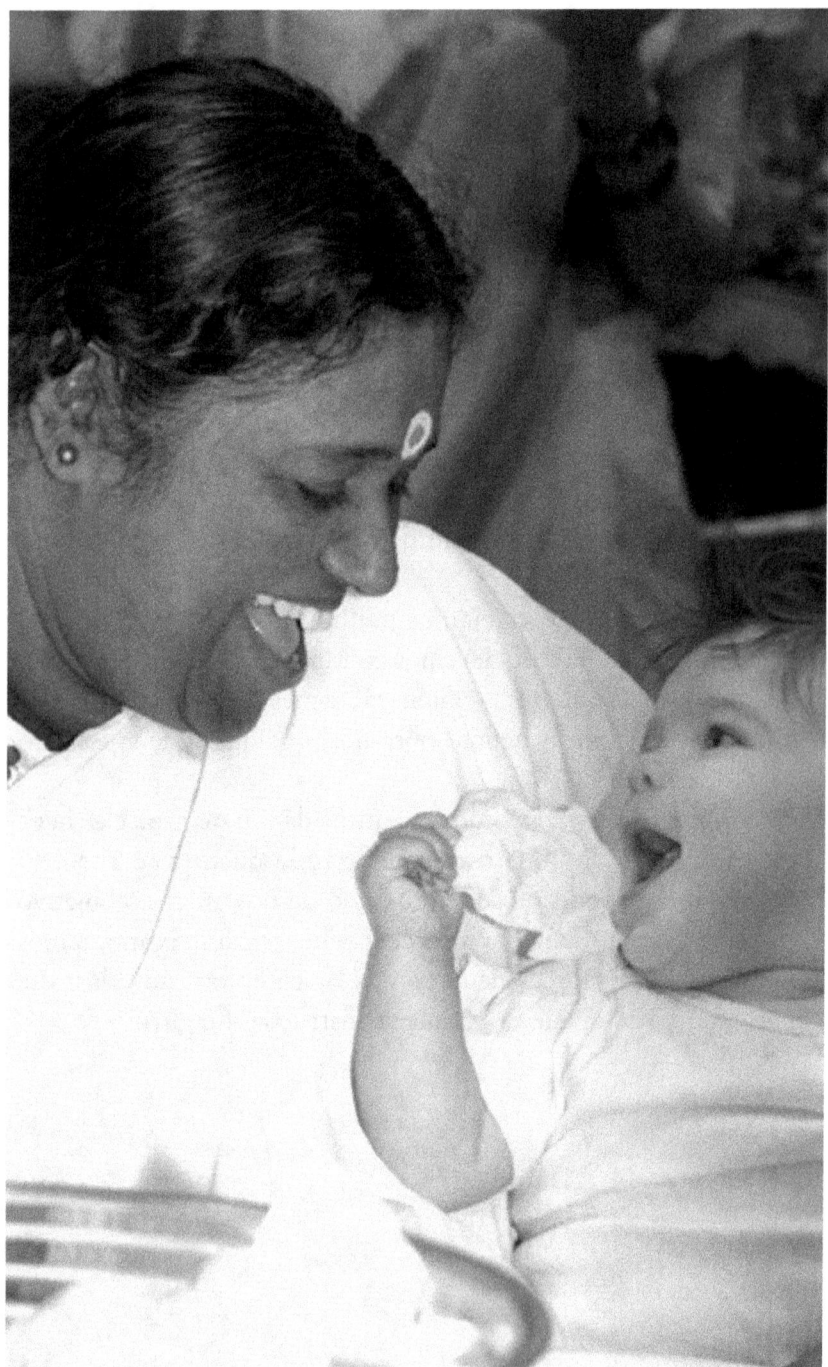

Capítulo 26

As três formas pelas quais a Amma nos protege

Por causa dos atos cometidos no passado, somos destinados a sofrer nesta vida. Por sua infinita compaixão, a Amma nos protege amplamente de nosso destino. Dependendo do tipo de *prarabdha* que originou a experiência, a Amma pode nos proteger de três formas: pode nos proteger completamente de uma situação que estamos destinados a enfrentar; pode nos dar proteção parcial, reduzindo a severidade do sofrimento que devemos sentir ou, por fim, nos dar força para suportarmos a experiência. Pessoalmente, eu já experimentei os três tipos de ajuda diante de várias dificuldades em minha vida.

O primeiro incidente ocorreu quando a Amma, acompanhada dos *brahmacharins*, fazia um série de programas no norte de Kerala. Em nosso caminho de um lugar para o outro, muitas vezes parávamos perto de um rio ao anoitecer. Tomávamos banho e nadávamos. Então, a Amma recitava conosco o mantra *Gayatri*, enquanto ficávamos submersos até a cintura nas águas do rio. Algumas vezes, recitávamos os 1.000 Nomes da Divina Mãe. Em seguida, meditávamos e cantávamos *bhajans* às margens do rio, enquanto o Sol se punha. Finalmente, a Amma fazia chá para nós, antes de continuarmos nossa jornada. Uma noite, após sairmos do rio, descobri que havia perdido meu *mala* na água. Fiquei muito preocupado, pois o *mala* havia sido abençoado e dado a mim pela

Amma. Também pensei que podia ser um sinal de que algo ruim ia acontecer comigo. Assim que percebi o que havia acontecido, corri até a Amma e contei a ela. Imediatamente, ela tirou seu próprio *mala* do pescoço e o deu para mim. Fiquei maravilhado por essa benção inesperada, pois o *mala* estava sendo usado pela Amma há um bom tempo. Além disso, o *mala* que perdi tinha somente 54 contas, enquanto este possuía 108. Esqueci então do *mala* original. Pensei até que havia sido uma boa coisa tê-lo perdido no rio. Continuamos nossa jornada e terminamos a turnê.

Meses depois, parti em minha própria turnê, fazendo programas em Tamil Nadu. Eu estava viajando de carro com outros dois devotos, sentado no banco atrás do motorista. No caminho para nosso primeiro programa, um caminhão se desviou do tráfego e abalroou a lateral de nosso carro em alta velocidade. Ambas as portas do lado do motorista foram completamente danificadas, as janelas destruídas, e cacos de vidro se espalharam por todos os lados. Naturalmente, por estar em um veículo tão grande, o motorista do caminhão nada sofreu, mas foi um milagre que os quatro passageiros de nosso carro tivessem saído ilesos, especialmente considerando o estado do carro após o acidente.

Telefonei para Amma assim que pude para contar o que havia acontecido e, como ninguém havia se machucado, continuei a turnê como planejado. Retornei ao *ashram* um mês depois. Alguns dias após meu retorno, tive a chance de ver a Amma em seu quarto. Enquanto eu explicava os detalhes do acidente, a Amma olhava atentamente para o *mala* que ela havia me dado. Não entendi o que ela estava fazendo quando pediu, repentinamente, para que eu lhe devolvesse o *mala*. Fiquei chocado com o pedido. Sem me mexer, fiquei em silêncio. Ela de novo pediu para que eu o devolvesse. Como realmente eu não queria devolvê-lo, supliquei à Amma, dizendo: "Amma, depois de ter me dado o presente, não é gentil pedi-lo de volta. A senhora tem tantos *malas*, o que quer com este daqui? Por favor, deixe-me ficar com ele."

Amma, outra vez, me pediu para que eu devolvesse o *mala*: "O *mala* que eu dei a você serviu a um propósito. Você não precisa mais dele." Entendi que a Amma se referia ao acidente de carro e devolvi o *mala*. Em troca, ela me deu um diferente para usar.

É claro que ela não precisaria me dar um *mala* ou qualquer outro objeto para me proteger do perigo. Seu mero *sankalpa* poderia tê-lo feito. Ela escolheu me proteger desse acidente, e a entrega do *mala* foi um método espontâneo de dar sua proteção.

O segundo tipo de ajuda que podemos receber de um *satguru* é uma proteção parcial ou redução da gravidade do sofrimento que devemos passar. Há muitos anos, eu costumava dirigir a van do *ashram*. Quando estávamos em Chennai, durante a turnê de Tamil Nadu, fui até o quarto da Amma para entregar-lhe alguma coisa. Quando estendi o braço para ela, ela percebeu uma vermelhidão. Depois de analisar os pontos vermelhos, ela me disse que eu tinha catapora e que ia procurar outra pessoa para dirigir durante o resto da turnê, pois ela queria que eu retornasse ao *ashram* imediatamente. Ela acrescentou: "Não se preocupe, você não vai sofrer com essa doença."

No dia seguinte, quando fui me despedir de Amma antes de partir para Amritapuri, ela me mostrou seu braço. Havia uma vermelhidão muito parecida com a minha. "Vê?", ela disse, "peguei sua catapora. Você não terá mais bolhas."

Então retornei ao monastério, enquanto a Amma e os outros *brahmacharins* completavam a turnê. Nessa mesma época, alguns vizinhos do *ashram* contraíram catapora e tiveram bolhas pelo corpo todo. Mas, depois que Amma me disse que ela havia tomado a doença para si, não tive mais nenhuma bolha.

A Amma assume as enfermidades de muitas pessoas. Quando ela distribui o *darshan*, ela pode absorver as enfermidades de muitas pessoas em um único dia. Certa vez, eu perguntei a ela: "Amma, como a senhora pode suportar tantas doenças e dor? A senhora não se sente sufocada?" Amma respondeu que, se alguém deve sofrer de uma doença por 10 anos, ela pode pegar a mesma doença e exaurir o mesmo *prarabdha* em 10 minutos. Para cada ação que é feita, alguém vai sofrer o resultado desta ação. Normalmente, se nós praticamos a ação, nós experimentaremos o resultado. No entanto, *Mahatmas* como a Amma são capazes de tomar os resultados das ações negativas dos outros em seu próprio corpo, esgotando assim nosso *prarabdha* e aliviando nosso sofrimento. Na verdade, a Amma até mesmo disse que, independente da gravidade ou da quantidade do *prarabdha* dos outros que ela toma para si, ela pode queimá-lo no fogo de seu conhecimento[1] em um único instante.

Há dois anos, sofri uma cirurgia de joelho. Antes disso, a Amma havia me dito que seria um período difícil para mim e que eu deveria ter cuidado com a minha saúde. Como a Amma não disse especificamente com que tipo de problema de saúde eu deveria ter cuidado, não me preocupei muito. Simplesmente entreguei o problema – qualquer que fosse – à Amma. Poucos dias depois, comecei a sentir uma dor severa em meus joelhos. Quando contei à Amma, ela me pediu para ir ao hospital imediatamente. Depois de ser examinado, os médicos sugeriram que eu passasse por uma cirurgia corretiva. Embora fosse um problema pequeno, tive medo, pois nunca havia tido um ferimento ou enfermidade séria em minha vida.

Amma me disse que fizesse a cirurgia, então dei continuidade aos planos da operação. Eu estava nos Estados Unidos nessa época e estava tão apavorado diante da operação iminente que eu

---

[1] Aqui, a Amma está se referindo a Brahmajnana ou o conhecimento de Brâman, o onisciente, onipotente e onipresente; o substrato do universo. Alcançar este conhecimento significa unir-se a Brâman.

ligava para a Amma quase todos os dias e rezava para que ela, de alguma forma, me livrasse da cirurgia. Toda vez que falava com a Amma, ela sempre reafirmava: "Não se preocupe, meu filho, não fique com medo. Tudo sairá bem." Finalmente, o dia marcado para a cirurgia chegou, e meu joelho não havia melhorado, então não tinha outra escolha senão ser operado. Durante a operação propriamente dita, não senti medo. Depois, a Amma me disse que, mesmo que eu não a tivesse visto, ela esteve durante todo o tempo da cirurgia comigo. Neste caso, a Amma não me ajudou da forma que eu esperava. Ela não removeu o problema. Em vez disso, ela me deu coragem para enfrentar a experiência com equanimidade.

Um exemplo mais claro: uma vez, um homem com dois filhos foi ao *darshan* da Amma na Austrália. Ele disse à Amma que sua esposa estava sofrendo de câncer terminal e que estava vomitando sangue e desmaiando frequentemente. Vendo a mãe naquelas condições, seus dois filhos, de cinco e sete anos, ficavam com muito medo e choravam bastante. Mas, depois de encontrarem a Amma, houve uma mudança em suas personalidades. O pai contou a eles como, desde pequena, Amma cuidava dos doentes e idosos, e as crianças foram inspiradas pelo seu exemplo. Finalmente, as crianças se conformaram com a situação e até começaram a cuidar da mãe. Elas a apoiavam para que não caísse, traziam água e chamavam a ambulância se necessário. Elas se tornaram muito fortes e corajosas.

"Ela quer tanto ver a Amma", o homem disse sobre sua esposa, "mas não tem nem forças para andar, por isso não pôde vir aqui esta noite." Quando a Amma ouviu a história, ela despejou infinita afeição materna sobre eles. Ela deu a eles muita atenção, perguntando sobre cada mínimo detalhe de suas vidas, brincando com as crianças, perguntando sobre seus estudos e os abraçando repetidamente. Tudo isso aconteceu no meio de um *darshan* para 1.000 pessoas ou mais. Na verdade, a Amma estava tão determinada a despejar amor sobre essa família que ela não os deixava partir. Ela agia como se tivesse todo o tempo do mundo. Finalmente, eles se despediram da Amma, explicando que sua mãe estava esperando em casa.

Quando saiu, o pai disse: "Agora, eu posso enfrentar o sofrimento em minha vida. A Amma deu aos meus filhos e a mim a força e o amor que precisamos para ultrapassar este desafio. Muito obrigado." Primeiro, pelo exemplo de sua vida e depois pelo amor e afeição que demonstrou a eles pessoalmente, a Amma ajudou essa família a enfrentar uma situação extremamente desafiadora. Ao invés de se deixarem levar pela dor, eles foram capazes de ajudar sua mãe e cuidar de cada necessidade dela.

Amma diz que existem três tipos de *prarabdha*. O primeiro é como um câncer benigno, que pode ser completamente removido por meio de ações remediadoras, tais como práticas espirituais e bons atos, em conjunto com a graça de Deus. O segundo tipo pode ser parcialmente removido, mas nós ainda temos que sofrer, até certo grau. É como um câncer que pode ser tratado, mas talvez retorne no futuro. O terceiro tipo é como um câncer maligno que não pode ser removido –só nos resta aceitá-lo. Esses três tipos de *prarabdha* correspondem aos três tipos de ajuda que Amma nos dá. Em situações advindas do terceiro tipo de *prarabdha* (como um câncer maligno e incurável), a Amma não interfere em nosso *prarabdha*, mas deixa que o processo se desenrole. Isso não significa que a Amma esteja nos abandonando. Quando não há mais remédio senão suportar uma experiência dolorosa, a Amma nos dá forças para encarar a situação com coragem e serenidade. ❧

Capítulo 27

A Amma é um Avatar?

No *Sanatana Dharma*, o nascimento de uma pessoa neste mundo é chamado de *janma*. Geralmente, não é o primeiro nascimento da pessoa, então também pode ser chamado de *punarjanma* (renascimento). No entanto, quando uma pessoa iluminada nasce de seu próprio *sankalpa* para ajudar os outros, ela é chamada de *Avatar* ou Encarnação. Em muitas religiões, os fiéis só aceitam uma pessoa como a encarnação de Deus. O *Sanatana Dharma* é único em reconhecer muitos indivíduos como *Avatar*es. O *Sanatana Dharma* também declara, inequivocamente, que Deus se manifesta em qualquer lugar, a qualquer hora e sob qualquer forma, de acordo com a situação dominante na ocasião e a devoção dos fiéis.

A palavra *"avatar"* em sânscrito vem de *ava-tarati* – descer, assumir um corpo. Isso significa que Deus, o Ilimitado, desce a nosso nível, assumindo uma forma humana no mundo de nomes e formas para nos guiar no caminho espiritual. Deus faz isso para restabelecer o *dharma,* preservando a harmonia e a proteção do mundo.

No "Bhagavad Gita", o Senhor Krishna declara:

yadṛ yadṛ hi dharmasya glṛnir bhavati bhṛrata
abhyutthṛnam adharmasya tadṛtmṛnaā sṇjṛmy aham

Ó, Arjuna, sempre que acontece um declínio no
dharma (retidão) e um aumento no adharma (perversão),
eu nasço (assumo um corpo físico).

4.7

paritrṛṁrya sṛdhünṛā vinṛṣrya ca duñkṛtṛm
dharma-saāsthṛpanṛrthṛya sambhavṛmi yuge yuge

Para a proteção daqueles que estão comprometidos com
o dharma, para a destruição daqueles que seguem o
adharma, e para o restabelecimento do dharma eu nasço
em qualquer época.

4.8

Quando tudo está correndo tranquilamente, não há necessidade de um *Avatar*. Somente quando o caos e a confusão prevalecem, que o Senhor vem. Dando um exemplo mais familiar, quando tudo está em paz em um bairro e não há distúrbios e conflitos, a força policial não é colocada a postos. A polícia só vem quando há um problema.

Algumas vezes, o *dharma* está em perigo e há perturbação na harmonia da criação. Geralmente, a ameaça ou violação vem dos seres humanos. Plantas e animais não perturbam a harmonia da criação, porque vivem de acordo com seu instinto natural. Somente os seres humanos violam o ritmo cósmico por causa de sua arrogância, do ego e de seu desejo de poder.

Quando o *dharma* é ameaçado, o Senhor se manifesta como *Avatar*. Para matar o demônio Ravana, o Senhor encarnou na forma humana de Rama. Ravana recebera uma benção de forma que nenhum demônio, deidade ou animal seria capaz de derrotá-lo. Ravana não pediu proteção contra os seres humanos porque não achava que algum ser humano poderia derrotá-lo. Então, o

Senhor se manifestou como ser humano, que era a única forma de derrotar Ravana e restabelecer o *dharma* nesse período.

De maneira similar, o demônio Hiranyakasipu não podia ser morto por qualquer arma, nem por um ser humano ou animal, de dia ou à noite, na terra ou no céu, dentro ou fora de seu palácio. Para matar Hiranyakasipu, o Senhor teve que encarnar na forma meio humana, meio leão de Narasimha e atacar Hiranyakasipu ao anoitecer (quando não era nem dia, nem noite). O Senhor pegou o demônio e o colocou em seu colo, de forma que não estivesse nem na terra, nem no céu, e o carregou para o portal do palácio onde não estava nem dentro nem fora, e o matou com as garras do leão (o que, tecnicamente, não eram armas).

Um ser humano comum nasce por dois motivos. O primeiro é seu *prarabdha*. O segundo é o *prarabdha* coletivo. O *prarabdha* do mundo consiste de um grande grupo de *prarabdhas* individuais. Quando o mundo está cheio de pessoas boas e honradas, há um bom *prarabdha*, que gera paz e harmonia. Em uma época na qual existem muitas pessoas incorretas que causam problemas para os outros, o mundo tem um *prarabdha* ruim, e há violência e caos.

Quando o Senhor ou um mestre realizado nasce neste mundo, não é por causa de seu próprio *prarabdha*, mas por causa do seu *sankalpa* de ajudar o mundo. Na verdade, o mestre realizado não possui um *prarabdha* seu próprio. O *prarabdha* surge de um sentimento de autoria, ou do sentido de "eu estou fazendo". Comumente, o ser humano se identifica com o corpo, mente e intelecto, mais do que com o *Átman*. De acordo com o *Sanatana Dharma*, a identificação equivocada é chamada de *avidya* (ignorância). Como ignoramos nosso Verdadeiro Ser, quando executamos uma ação, sentimos "eu fiz isso e quero receber o resultado". Ao mesmo tempo, se fazemos algo ruim, nos sentimos culpados. De ambas as formas, teremos que experimentar o resultado de nossos atos.

Na verdade, o Ser Interior, ou *Atman*, não faz coisa alguma. Ele é inativo. Por isso que os mestres realizados, que reconheceram sua unidade com a Consciência Suprema, sabem que eles não estão fazendo coisa alguma, mas que tudo simplesmente acontece em sua presença. Por causa desse conhecimento, eles não possuem um sentimento de autoria. Por isso não têm um *prarabdha* próprio.

Então, por que eles aparecem? Na antiguidade, os *Avatares* apareciam para destruir os demônios e pessoas maquiavélicas, que torturavam e matavam os bons e inocentes. Assim, o *Avatar* podia ser considerado o resultado do bom *prarabdha* das pessoas corretas no mundo e o resultado do *prarabdha* ruim dos demônios e pessoas más. Krishna e Rama eram reis, e era o *dharma* deles proteger a nação de pessoas más. Mas o *dharma* da Amma é diferente do de um rei. Ela se vê como a mãe de todos os seres. Diferente de Rama e Krishna, a Amma não luta contra ninguém. Ao contrário, por meio de seu amor e compaixão, a Amma destrói a maldade que existe dentro de cada um de nós.

De acordo com as escrituras, existem certas características que todos os *Avatares* compartilham. Tais almas grandiosas não guardam rancor. Seus ensinamentos são universais. Elas não rejeitam nem mesmo o maior pecador. Sem ter apego a ninguém, elas amam a todos igualmente. Ao levar uma vida de retidão, inspiram os outros a seguirem seu exemplo.

Alguns talvez se perguntem: "Se a Amma é um *Avatar*, por que ela não faz milagres?"

Primeiro, devemos lembrar que a demonstração de poderes super-humanos não é prova conclusiva para a identificação de um *Avatar*. Certos *Avatares*, como o Senhor Krishna, demonstravam força sobre-humana. Por exemplo, para proteger seus amigos de infância, os *gopas* e *gopis*, de uma chuva torrencial e de relâmpagos, ele levantou o Monte Govardhana e o segurou sobre suas cabeças por sete dias, e usou somente o dedo mindinho.

Ainda criança, Krishna matou alguns demônios bastante poderosos. Ravana e os outros demônios descritos nos *Puranas* também exibiam poderes místicos e miraculosos. Já outros *Avatares*, como o Senhor Rama, não usaram tal tipo de poderes super--humanos. De fato, quando Sita foi sequestrada, Rama procurou Sita e chorou como uma pessoa comum. A exibição de poderes místicos ou ocultos não pode ser considerada prova conclusiva para determinar se alguém é um *Avatar* ou não.

Posto isso, aqueles que se perguntam por que Amma não faz milagres não estão percebendo o óbvio: a vida inteira da Amma é um milagre. Há muitas coisas que tomamos como certas. Durante os últimos trinta anos, a Amma deu iniciação ao *mantra* individualmente a milhões de pessoas, iniciou milhares de *brahmacharins* e *brahmachirinis* na vida monástica e abraçou fisicamente mais de 23 milhões de pessoas. Ela normalmente abraça 20.000 pessoas ou mais em um único dia. Quando ela viaja pela Índia, os números são ainda maiores. No último dia do *Amritavarsham50*, a celebração de seu 50º aniversário, ela se sentou no palco por aproximadamente 23 horas e abraçou mais de 45.000 pessoas. Quando a Amma finalmente deixou o palco, não estava exausta, e sim com um sorriso radiante em seu rosto. Quantas pessoas nós conseguiríamos abraçar antes de cairmos de exaustão? Além disso, isso significa que ela fica sentada no mesmo lugar por 15 ou 20 horas por dia. E nós, por quantas horas conseguimos ficar sentados no mesmo lugar? Durante esse tempo, ela não vai nem ao banheiro.

Quando cada pessoa descansa a cabeça no ombro da Amma, seu rosto está tão perto da face dela que ela está, na verdade, respirando o ar exalado por esta pessoa – isso acontece milhares de vezes por dia. Muitos médicos têm dito que se uma pessoa comum fizesse isso, contrairia infecções terríveis. A Amma abraça as pessoas sem se incomodar com sua higiene ou estado de saúde

– ela não hesita em abraçar leprosos e pessoas com outras doenças contagiosas. Ademais, todas as pessoas que vão até a Amma querem aliviar seu coração para ela. Nem mesmo um psicólogo experiente aguenta ouvir mais do que 10 ou 20 pessoas por dia. A Amma ouve os problemas de milhares de pessoas todos os dias e dedica igual amor e atenção a cada pessoa.

Muitos têm a impressão equivocada que a Amma vai para o quarto dormir quando termina de dar o *darshan*. A verdade é que, quando ela vai para o quarto, fica mais ocupada do que nunca. Ela se esforça para ler todas as cartas que recebe – centenas todos os dias. Diferentemente dos *Mahatmas* anteriores, as atividades da Amma não estão confinadas somente à espiritualidade. Suas atividades se estendem ao campo da educação, saúde, relação social, tecnologia e meio ambiente. Ela pessoalmente dirige cada um dos projetos humanitários e instituições educacionais que seu monastério fundou. Ao fim do dia, ela se deita por uma ou duas horas. Quem mais pode dormir tão pouco e trabalhar tanto?

Muitas pessoas trabalham oito horas por dia, cinco dias por semana e tiram de duas a seis semanas de férias por ano. A Amma trabalha 20 horas por dia ou mais e nunca tira férias. Nos últimos 30 anos, ela nunca tirou um dia de folga.

Existe uma estátua de São Pedro em Roma. Os peregrinos tocam os pés da estátua todos os dias. Como resultado, o pé esquerdo da estátua foi quase completamente gasto. Se o toque suave dos peregrinos pode desgastar uma estátua de bronze, o que aconteceria com um ser humano que recebesse todo o peso de tantos milhões de pessoas?

Isso sem mencionar o que ela conseguiu a nível social. Não é um milagre que uma mulher pouco instruída, sem nenhum suporte financeiro de empresas, organizações de assistência, governos, partidos políticos ou grupos religiosos, tenha estabelecido uma rede tão vasta de instituições médicas, educacionais e prestadoras de serviço em 15 anos? Em um mundo onde a mulher toma o assento de trás, a Amma provou, pelo seu exemplo que, para a sociedade progredir, homens e mulheres são igualmente importantes, como as duas asas de um pássaro.

Existem, naturalmente, as histórias famosas de milagres que Amma fez – a cura do leproso Dattan com sua própria saliva, a transformação de um pote comum de água em *panchamritam* (mistura doce de mel, leite, iogurte, manteiga clarificada e açúcar) suficiente para alimentar centenas de pessoas, o uso de água comum para manter uma lâmpada a óleo acesa[1].

No tempo que passei com a Amma, tudo o que ela disse sobre o futuro acabou acontecendo, mesmo sendo bastante improvável. Quando eu a conheci, há 27 anos, ela me disse que, no futuro, viriam pessoas de todo o mundo para vê-la e que ela viajaria por todo o mundo para guiar, consolar e confortar as pessoas. Naquela época, não havia nenhum *brahmacharin* vivendo com a Amma. Ela não tinha nem um teto sobre sua cabeça. Ela dormia no campo em frente à casa de sua família. Como ela poderia saber que uma rede de atividades humanitárias e espirituais tão vasta iria crescer em torno dela?

Ao observar de perto a vida da Amma, não nos perguntamos onde estão os milagres, porque eles estão por todos os lados, em cada aspecto de sua vida. Gastaríamos vários volumes para listar cada milagre da vida da Amma. Cada um dos milhões que encontraram a Amma poderia compartilhar suas experiências milagrosas – de transformação de caráter, da cura de feridas profundas, de "uma nova perspectiva de vida" e, certamente, de curas inesperadas de doenças. Essa enciclopédia nunca será compilada no papel – ela está escrita nos corações dos filhos da Amma.

---

[1] Para mais detalhes, leia "Mata Amritanandamayi: sua biografia", de *Swami Amritaswarupananda Puri*, ou "Correndo sobre o fio da navalha" de *Swami Ramakrishnananda Puri*.

A própria Amma disse: "Não estou interessada em tornar a pessoa crédula fazendo milagres. Meu objetivo é inspirar as pessoas com o desejo de liberação pela realização do Ser Eterno. Milagres são ilusórios. Eles não são a essência da espiritualidade. Além disso, se um milagre é feito, as pessoas querem ver outro e depois outro. Não estou aqui para criar desejos, e sim para removê-los."

Algumas vezes, as pessoas alcançam feitos sobre-humanos, tais como pedalar distâncias extraordinárias ou ficar sobre um pé por muitas horas, mas fazem isso unicamente para colocar seus nomes nos livros de recordes. A Amma estabelece um novo recorde a cada dia e, ainda assim, não se importa com o que os outros dizem – ela não faz o que faz para receber cumprimentos, mas pelo bem do mundo. Uma vez, uma jornalista perguntou a Amma: "Milhões de pessoas a louvam como *Devi*. Como isso a faz se sentir?"

Amma respondeu: "Eu não sinto coisa alguma. As pessoas que me chamam de *Devi* hoje podem me chamar de 'devil' (do inglês, demônio) amanhã. Não me importo. Eu sei quem sou. Não dou importância ao elogio ou à crítica. Eu fluo como um rio. As pessoas o usam de formas diferentes, dependendo de sua natureza. Algumas matam sua sede, algumas sentam em suas margens aproveitando a brisa fresca, outras se banham e podem até cuspir no rio. Mas o rio sempre flui."

Amma diz que sempre teve o entendimento profundo que tudo era Deus. Em algumas ocasiões, ela revelou que havia nascido iluminada. Nós também sabemos que ninguém na história do mundo jamais fez o que Amma faz todos os dias pelos últimos 30 anos, e ninguém jamais alcançou o que ela alcançou. No entanto, por sua humildade, a Amma nunca diria que é um *Avatar*. Essa é uma questão que cada um terá que responder por si mesmo. ❖

Capítulo 28

Você precisa acender a luz: graça e esforço

Certa vez, um devoto perguntou: "Amma, se a alma é a mesma em todos nós, então quando uma pessoa alcança a Verdade e Autorrealização, não deveriam todos obter a Realização ao mesmo tempo?"

Amma deu uma linda resposta: "Filho, quando uma pessoa liga a força principal de uma casa, a eletricidade alcança todos os cômodos – a sala, a cozinha, os quartos. No entanto, se ela quiser luz em seu quarto, terá que fazer o esforço de acender o interruptor daquele quarto. Somente se cada um fizer um esforço e ligar o interruptor, a luz interna será revelada."

Depende de nós fazer nossa parte. Nós devemos empregar nosso melhor esforço para avançar no caminho espiritual, desenvolvendo sinceramente nossas práticas espirituais todo dia, tentando cultivar as qualidades divinas da paciência, aceitação, humildade e amor, seguindo as instruções da Amma.

Não devemos desanimar nunca. Como a Amma diz: "A graça de Deus é o fator que governa todos os nossos esforços e faz com que nossas ações sejam doces e completas."

Há uma história maravilhosa que ilustra a complementaridade dos papéis de nossos esforços e da graça de Deus ou do guru. Para estimular o filho nos estudos de piano, uma mãe levou-o ao concerto de um pianista mundialmente famoso. Depois de terem se sentado, a mãe avistou uma amiga na plateia e foi cumprimentá-la.

Aproveitando a oportunidade para explorar as maravilhas da sala de concerto, o menino levantou-se e encontrou uma porta onde estava escrito "entrada proibida". Quando as luzes do teatro diminuíram, e o concerto estava prestes a começar, a mãe retornou ao seu assento e descobriu que o filho havia sumido.

De repente, as cortinas abriram, e o foco de luz recaiu sobre o impressionante piano no palco. Horrorizada, a mãe viu o filho sentado ao piano inocentemente, dedilhando uma canção infantil. Naquele momento, o grande maestro fez sua entrada. Ele rapidamente se dirigiu ao piano e sussurrou ao ouvido do garoto: "Não desista. Continue tocando."

Então, se curvando sobre ele, o maestro alcançou o piano com a mão esquerda e começou a fazer o acompanhamento. Logo seu braço direito deu a volta pelo outro lado da criança e acrescentou mais música. Juntos, o velho mestre e o menino transformaram uma situação amedrontadora em uma experiência criativa, e o público ficou hipnotizado.

Da mesma forma, qualquer que seja a situação na vida, seja absurda ou desesperadora, mesmo em um momento de fraqueza, podemos confiar que a Amma está sussurrando dentro de nós: "Não desista. Continue tocando. Você não está sozinho. Juntos, vamos transformar as frases soltas em uma obra prima criativa. Juntos vamos maravilhar o mundo com a nossa canção." ❖

Epílogo

O amor do mestre

"Assim como o perfume não pode ser separado da flor e a luz não pode ser separada do fogo, o amor e a compaixão não podem ser separados do mestre."

—Amma

Quando a Amma deixa o *ashram*, a estrada fica cercada de devotos. Quando o carro começa a se mover, a Amma abaixa os vidros das janelas e distribui balas de *prasad* pelos dois lados do carro, para todas as pessoas ali em pé –visitantes, residentes do *ashram* e até para os moradores dos vilarejos vizinhos e seus filhos.

Certa vez, eu estava no carro com a Amma e percebi que ela jogava as balas mesmo após não haver mais devoto algum na estrada, somente moradores dos vilarejos que não estavam nem um pouco interessados no *prasad* da Amma. Eles somente a olhavam e partiam. Eles nem se importavam em pegar o *prasad* que a Amma havia jogado. Eu disse à Amma: "Todos os devotos pegaram seu *prasad*, daqui para frente só há moradores dos vilarejos. Eles só vieram até a estrada para ver o que estava acontecendo. Eles não estão pegando o *prasad* que a senhora está oferecendo."

"Não importa", replicou a Amma, "se eles não pegarem, as crianças que passarem por aqui vão pegar. Se as crianças não pegarem, alguns animais ou formigas o comerão. Não se preocupe, ele não será desperdiçado." Mesmo que não apreciemos, que não o aceitemos, a Amma ainda quer mostrar seu amor e afeição por nós.

233

A Amma sempre nos dá o máximo possível – tanto quanto o tempo permitir. Recentemente, quando ela retornou à Índia após sua turnê pelos Estados Unidos, cerca de 14.000 pessoas vieram para o primeiro *darshan* de *Devi Bhava*. A Amma abraçou as pessoas de 19h30 as 10h30 da manhã do dia seguinte. Poucos dias antes, no último *Devi Bhava* nos EUA, o *darshan* começara às 20h30 e terminara às 11h. Apesar de ter a metade do número de pessoas, a Amma levou quase o mesmo tempo. Ela podia facilmente ter terminado às 3h ou 4h da manhã. Em vez disso, ela preferiu dar mais tempo para cada pessoa. Ela nunca pensa: "Há menos gente aqui, então posso terminar o *darshan* rapidamente e ir descansar." Se nós tivéssemos uma oportunidade desse tipo, certamente a aproveitaríamos, mas a Amma, nunca. Ela nunca prefere um atalho. Ela já mostrou várias vezes que pode abraçar facilmente 1.500 pessoas por hora. Mas, quando ela dá o *darshan* para 750 pessoas, ela não termina em meia hora – ela leva o mesmo tempo que precisaria se houvesse 10 vezes o número de pessoas, porque ela quer dar a cada o máximo de tempo possível.

Certa vez, um homem com um distúrbio mental foi ao *darshan* da Amma com uma garrafa na mão. Antes de percebermos o que ele estava fazendo, ele abriu a garrafa sobre a cabeça da Amma, derramando perfume que caiu em seu rosto e seus olhos. Os outros devotos ficaram furiosos com o homem e queriam levá-lo para longe da Amma, mas ela os impediu, dizendo que ele havia feito aquilo por devoção. Ela nem conseguia abrir os olhos, porque a substância química do perfume ardia demais. Ainda assim, ela não ficou com raiva. Ela sabia que o homem, em seu estado desequilibrado, não entendia que seria doloroso para a Amma se ele fizesse tal coisa. Ela até pediu a ele que se sentasse a seu lado e o consolou por estar se sentindo mal por seu erro.

O que faríamos em uma situação similar? Vendo a paciência infinita da Amma, lembrei-me de sua explicação: "Se acidentalmente mordermos nossa língua, não ficamos com raiva de nosso dente e o arrancamos. Sabemos que tanto a língua quanto o dente pertencem a nós e são úteis de maneiras diferentes. Similarmente, a Amma considera todos como parte dela. Para ela, a dor de uma formiga ou de uma planta é tão real quanto seu próprio sofrimento."

A Amma sofre muito todos os dias pelo bem de seus filhos. Muitas pessoas, quando recebem o *darshan*, se penduram nela com muita força, cravando seus dedos em suas costas e ombros. Mas se algum de seus assistentes tenta remover a mão dessa pessoa, a Amma sempre o impede, dizendo que a pessoa ficará triste se não deixarmos que se agarre à Amma. Em outros casos, quando se levantam depois de receberem o *darshan*, as pessoas colocam todo seu peso sobre os joelhos da Amma, pisam em seus pés ou puxam seu pescoço. Quando perguntamos à Amma como ela tolera esse abuso físico, a Amma responde com uma pergunta: "Uma mãe fica com raiva do filho quando ele pisa em seu pé ao tentar subir em seu colo?" Quer a Amma nos enxergue como seus filhos ou como seu próprio Ser, seu amor por nós é infinito e incondicional.

O amor da Amma não é limitado aos seres humanos. A própria Amma conta uma história de sua infância que mostra a profundidade de seu amor e compaixão por todos os seres na criação: um dia, quando a Amma ainda era jovem, ela aguardava na fila para apanhar água na fonte da vila. De repente, ela sentiu uma necessidade forte de voltar para casa. Sem nem mesmo esperar sua vez de encher os baldes, ela voltou para casa imediatamente. De longe, ela viu uma das cabras da família deitada em cima de seus próprios excrementos, grunhindo de dor e espumando pela boca. A Amma correu em direção ao animal agonizante e carinhosamente o acariciou, sussurrando palavras calmantes em seu ouvido. Finalmente, ela se afastou um pouco da cabra e se sentou em meditação. Quando a Amma abriu os olhos, viu a cabra deitada com a cabeça apoiada em seu colo. O animal havia se arrastado pelo pátio, certamente com enorme dificuldade, para chegar até onde Amma estava sentada. A Amma afagou a face da cabra de novo com grande amor e afeição. Logo depois, a cabra deu seu último suspiro. Vendo seu grande esforço para alcançar a Amma, o coração da Amma derreteu e, de sua infinita compaixão, concedeu a liberação para a cabra.

Com a graça da Amma, até a cabra em seu pátio foi capaz de alcançar o que a humanidade sempre lutou para atingir.

Como é grande a diferença entre o nosso amor e o amor do mestre. Nós podemos amar amigos e familiares, talvez até nossos vizinhos. Mas não somos capazes de amar a todos. Às vezes, existem pessoas que não apreciamos ou de quem até sentimos raiva. Nós mesmos conhecemos as limitações de nosso amor.

Todo aquele que conheceu a Amma sabe que o amor dela é diferente.

A Amma nos aceita como somos. Ela não rejeita pessoa alguma. A Amma nunca diz: "Você possui muitas qualidades negativas e maus hábitos. Primeiro, remova sua negatividade e depois venha para mim." Para a Amma, dizer isso seria o mesmo que um rio dizer para alguém prestes a mergulhar em suas águas: "Não entre em minhas águas. Você está imundo e fedendo a suor. Primeiro, vá se limpar e depois venha se banhar." Sem tomar um banho no rio, como a pessoa poderia se limpar?

Um dos devotos americanos da Amma era famoso por seu temperamento explosivo. Alguns anos atrás, nós estávamos caminhando juntos pelo pomar do *ashram* da Amma em San Ramon, Califórnia, quando notamos uma mulher desconhecida colhendo pêssegos das árvores e os colocando em uma sacola. Com algumas frutas nas mãos, ela se dirigiu para o carro. Contudo, alguns pêssegos caíram de suas mãos e rolaram até a estrada. Quando o devoto de pavio curto viu a cena, ele correu até a estrada atrás das frutas que rolavam, apanhou todas e gentilmente as colocou na sacola da mulher. Eu não pude acreditar no que via. Em situações similares anteriores, aquele devoto gritara e perseguira o "invasor" das terras do monastério. Mas naquela ocasião, a mesma pessoa corria atrás dos pêssegos ladeira abaixo, somente para devolvê-los para a mulher que os havia pegado. Mais tarde, quando perguntei a ele sobre o acontecido, ele disse: "*Swami*, se este incidente houvesse acontecido alguns anos atrás, eu teria expulsado a mulher por estar pegando as frutas que não pertenciam a ela. Mas, depois de estar com a Amma por tantos anos, eu não poderia fazer algo diferente do que fiz."

Foi o amor incondicional da Amma que transformou esse devoto e tantos outros filhos da Amma. Nós fomos amados por nossos pais, amigos e cônjuges, mas não fomos transformados por esse amor. É o amor do mestre que nos transforma.

A força dos hábitos antigos e das *vasana*s torna difícil praticar as qualidades positivas em nossas vidas. Mas a Amma é tão paciente conosco, tão amorosa, que ela diz que está disposta a nascer quantas vezes forem necessárias por seus filhos. Além do mais, ela diz que ela está preparada a nos ajudar não só neste nascimento, mas em todos nossos nascimentos futuros.

Um dia, em Amritapuri, cheguei um pouco mais cedo ao palco para os *bhajans* noturnos. Lá, eu vi um pote de barro em frente ao *peetham* (plataforma baixa) da Amma. Eu perguntei a um dos *brahmacharins* que estava arrumando o palco: "Qual é o propósito daquele pote de barro?" Ele me disse que eram as cinzas de uma devota da Amma que havia recentemente falecido. Eu achei desagradável que as cinzas de uma pessoa fossem colocadas próximas do local onde a Amma se sentaria. Como fui criado dentro da tradição ortodoxa brâmane, não podia suportar ver uma urna com as cinzas de uma pessoa morta perto do *peetham* da Amma, que eu considerava como um templo. Imediatamente, pedi ao *brahmacharin* que removesse a urna para outro lugar. Eu não queria tocar no pote, pois eu o considerava impuro. O *brahmacharin* educadamente recusou-se, dizendo: "*Swamiji*, a Amma gostaria que ficasse no palco."

"Então, você pode colocá-lo no fundo do palco, ao invés de estar na frente do *peetham* da Amma", eu disse. O *brahmacharin* imediatamente fez o que pedi.

Depois de alguns minutos, a Amma chegou para os *bhajans* noturnos. Após saudar os devotos, ao invés de se sentar, ela ficou de pé no *peetham* e começou a olhar o palco a sua volta. Quando avistou a urna com as cinzas, ela imediatamente desceu do *peetham*, caminhou até a urna e a carregou de volta até seu *peetham*. Fiquei surpreso e até chocado que a Amma demonstrasse tanto respeito por um pote de cinzas. Devido à minha criação ortodoxa, eu não conseguia entender a atitude da Amma.

A Amma manteve a urna perto de seus pés durante os *bhajans* noturnos, algumas vezes até ajustando sua posição. Eu fiquei muito incomodado. Comecei a me sentir culpado por minha reação e comecei a achar que as cinzas eram de um grande devoto. Depois dos *bhajans*, a Amma se levantou e se curvou para apanhar a urna. Naquele momento, minha atitude já havia mudado completamente, pois eu me sentia cheio de remorso por meu comportamento anterior. Imediatamente, levantei-me para pegar a urna e entregá-la para Amma. Quando eu estava prestes a tocar na urna, a Amma me interrompeu e me perguntou em um tom sério: "Por que você está tocando nela agora? Não a toque." Parecia que um martelo tinha atingido a minha cabeça. Mais uma vez, tentei ajudar a Amma erguendo a urna, mas ela não me permitiu. Pegando a urna, ela deixou o palco e começou a andar na direção da praia para jogar as cinzas no mar.

Naquele ponto, eu me sentia terrível, achando que havia sido desrespeitoso com os restos de um grande devoto. Pedi desculpas à Amma e comecei a caminhar a seu lado. Ela me pediu para que não a seguisse e continuou a caminhar.

Depois, tive a oportunidade de falar com Amma, pedir desculpas mais uma vez e perguntar de quem eram as cinzas. Amma me disse que eram de uma devota idosa que há tempos desejava fazer um *pada puja* para Amma. Antes que ela tivesse a oportunidade, no entanto, a Amma viajou para sua turnê nos Estados Unidos. A mulher se consolou pensando que poderia fazer *pada puja* quando Amma voltasse de viagem. Mas o destino quis que a mulher morresse antes do retorno da Amma. Dias depois de a Amma ter retornado, um filho dessa mulher chegou ao *ashram* trazendo as cinzas de sua mãe. Ele entregou as cinzas para a Amma, dizendo que o último desejo de sua mãe tinha sido lavar os pés da Amma na cerimônia de *pada puja*. Ele pediu para a Amma que abençoasse a alma de sua mãe.

Assim que a Amma ouviu isso, ela pegou a urna do rapaz e o segurou perto do coração, fechando os olhos por alguns minutos. Então, ela pediu que a colocasse no palco durante os *bhajans* noturnos. Apesar de a Amma ter tido um dia muito ocupado pelo *darshan* e a visita de muitos dignitários, ela não se esqueceu de pedir a um dos *brahmacharins* que se certificasse que a urna da devota idosa fosse colocada no palco. Durante os *bhajans* noturnos, a Amma manteve seus pés perto dela, imaginando que a mulher estava fazendo *pada puja* para ela.

"Que devota de sorte!", pensei. "Que mestre compassiva!"

Considere a profundidade do amor incondicional da Amma. Ela poderia simplesmente ter abençoado as cinzas da mulher e pedido ao filho da devota que as jogasse no oceano. Ao invés disso, ela manteve a urna perto dela e demonstrou tanto respeito e amor por essa devota, carregando pessoalmente suas cinzas até o mar. Isso mostra como a Amma está pronta a atender nossos desejos, mesmo depois de termos abandonado este corpo. Por isso, a Amma diz: "Nossa mãe biológica pode tomar conta das coisas que precisamos neste nascimento, mas a Amma tomará conta das necessidades não somente neste nascimento, mas também em todos os nossos futuros nascimentos."

É o amor de mãe por seus filhos que mantém a Amma em seu corpo. Na verdade, ela pode dispensar o corpo a qualquer momento que queira. Há muitos anos, quando eu conversava com a Amma um dia, vi um inseto se movendo em sua cabeça. Quando tentei removê-lo, ele se embrenhou nos cabelos dela e sumiu. Eu fiquei preocupado que o inseto a picasse, então coloquei os dedos em seus cabelos para tirá-lo. Enquanto eu passava os dedos pelos seus cabelos, fiquei surpreso em sentir um ponto muito macio no topo de sua cabeça. Era tão macio que eu pensei que poderia até estar faltando um pedaço do crânio. Então, só para checar que seu crânio estava em condição adequada, novamente eu tentei sentir aquele ponto no topo da cabeça dela.

Naquele momento, a Amma empurrou minha mão e disse: "O que está fazendo?"

Eu disse: "Amma, tem uma coisa errada com sua cabeça. Acho que um pedaço do seu crânio está faltando."

Amma respondeu: "Não seja bobo. Não há nada de errado com meu crânio. Ele é para ser assim."

"Por que, Amma?", perguntei, "meu crânio é duro como uma pedra."

Amma, brincando, bateu no topo de minha cabeça e disse: "Eu vou torná-lo macio para você." Então, falando seriamente, ela disse: "É por este ponto que os iogues retiram sua força vital quando deixam este mundo (ela estava se referindo ao *Brahmarandra*). Eles podem fazer isso no momento que desejarem, desistindo de seu corpo." Me senti um verdadeiro bobo, mas fiquei surpreso com a resposta da Amma. Eu havia lido sobre isso em alguns livros, porém nunca havia tido provas de que existisse até aquele dia. Isso nos mostra que a Amma pode deixar seu corpo no momento que quiser. É somente por causa do amor e da compaixão abundantes que a Amma nutre por nós que ela permanece no corpo –somente para ajudar seus filhos a superarem seus problemas e a alcançarem o objetivo da existência humana.

Amma está oferecendo seu amor para todos nós, e esse amor tem o poder de curar todos os nossos ferimentos internos. Ele pode transformar qualquer um. Que nós estejamos abertos para o amor da Amma. Quanto mais abertos estivermos para ele, maior será nossa transformação. ❖

Glossário

adharma – Corrupção, desvio da harmonia natural.

ahamkara – Ego ou a noção de ser uma entidade separada do resto do universo.

Amrita Kuteeram – Projeto habitacional da organização Mata Amritanandamayi Math que fornece casas gratuitas para famílias muito pobres. Mais de 30.000 casas foram construídas e entregues até agora por toda a Índia.

Amritapuri – Sede internacional da missão Mata Amritanandamayi Math, no local de nascimento da Amma em Kerala, Índia.

arati – Acenar com a cânfora em chamas diante da imagem da deidade, normalmente significa o fim da cerimônia.

archana – Comumente refere-se à recitação dos 108 ou 1000 nomes de uma deidade particular (por exemplo, Lalita Sahasranama).

Arjuna – Um grande arqueiro, herói do épico "Mahabharata". É a ele que Krishna se dirige no "Bhagavad Gita".

Ashtavakra Gita – "Canção de Ashtavakra." É o diálogo entre o rei Janaka e o mestre Ashtavakra sobre como obter o conhecimento do Ser.

Atman – O Eu, Ser ou Consciência.

AUM – Ou "Om." - De acordo com as escrituras védicas, este é o som primordial no universo e a semente de toda a criação. Todos os outros sons nascem do Om e voltam ao Om.

Avatar – Encarnação divina. Da raiz do sânscrito "ava–tarati" — "descer".

avidya – Ignorância, que é a causa raiz de todo sofrimento.

Ayyappa – A deidade do templo de Sabarimala em Kerala, considerada uma encarnação do Senhor Shiva e Senhor Vishnu.

Bhagavad Gita – "Canção do Senhor". Os ensinamentos que o Senhor Krishna deu a Arjuna no início da guerra do "Mahabharata".

É um guia prático para enfrentar crises em nossa vida pessoal ou social e é a essência da sabedoria védica.

bhajan – Canção devocional.

bhakti – Devoção, serviço e amor a Deus.

bhava – Humor ou atitude (ver *Devi Bhava*).

bhiksha – Esmola.

Bhima – Um dos irmãos Pandavas (ver Pandavas).

bhogi – Aquele que desfruta dos prazeres dos sentidos.

bhuta yagna – Serviço e proteção aos outros seres vivos.

Brâman yagna – Auto-estudo, prática e ensino das escrituras espirituais.

brahmachari – Discípulo celibatário que desenvolve práticas espirituais sob a orientação de um mestre. (O feminino é *brahmacharini*).

Brahmajnana – Conhecimento de (experiência direta de união com) Brâman.

Brâman – A Verdade Suprema além de qualquer atributo; o substrato onipresente, onisciente e onipotente do universo.

Brahmarandra – Abertura sutil no topo da cabeça pela qual o iogue retira sua força vital no momento da morte física.

Brahmasthanam – Um tipo de templo nascido da intuição divina da Amma. São únicos e abertos a todos, independentemente de religião. O ícone central tem quatro lados, com Ganesha, Shiva, Devi e a Serpente, enfatizando a união inerente subjacente aos múltiplos aspectos do divino. Atualmente, há 17 desses templos na Índia e um em Maurício.

Brâmane – Classe sacerdotal da Índia.

Daksha – Um dos *prajapatis* (progenitores) da humanidade. Pai da esposa de Shiva, Sati. (Ver *prajapati*.)

darshan – Uma audiência com uma pessoa santa ou uma visão do Divino.

deva yagna – Adoração das deidades que presidem os elementos da natureza.

devas – Seres celestiais.

Devi – Deusa. A Divina Mãe.

Devi Bhava – "O Humor Divino de Devi." O estado no qual a Amma revela sua união e identidade com a Divina Mãe.

dharma – Em sânscrito, *dharma* significa "aquilo que sustenta (a criação)". Comumente indica a hramonia do universo. Outros significados incluem: retidão, dever, responsabilidade.

diksha – Iniciação. Transferência da semente de poder espiritual (em uma forma sutil) do guru para o discípulo.

Gayatri mantra – O mantra com o qual a pessoa é iniciada quando se torna brâmane e passa a ser autorizada a conduzir diversos *yagnas*.

gopa – Os gopas eram os meninos pastores, os amigos de infância de Krishna.

gopi – As gopis eram meninas leiteiras, que viviam em Brindavan onde Krishna passou sua infância. Eram devotas ardentes de Krishna. Elas exemplificam o mais intenso amor por Deus.

Hiranyakasipu – Demônio que recebeu um poder que não o deixava ser morto por qualquer arma, nem por ser humano ou animal, de dia ou à noite, na terra ou no céu, dentro ou fora de seu palácio. Para superar esse poder, o Senhor encarnou como meio homem meio leão, na forma de Narasimha, colocou Hiranyakasipu em seu colo e o matou com suas garras ao amanhecer, sentado na porta do palácio.

ioga – "Unir", união com o Ser Supremo. O termo é amplo e também se refere a vários métodos práticos pelos quais se pode obter a união com o Divino. Um caminho que leva a Autorrealização.

irumudi – Pacote com cocos, manteiga clarificada e arroz que os devotos de Ayyappa carregam em peregrinação para Sabarimala.

janma – Nascimento.

japa – Repetição de um mantra.

jivanmukti – Liberação ainda durante a vida no corpo.

Jnani – Uma pessoa que realizou a Deus ou o Ser. Aquele que conhece a Verdade.

karma – Ações conscientes. A cadeia de efeitos produzidos por nossas ações.

Kauravas – Os 100 filhos do rei Dhritharashtra e da rainha Gandhari, dos quais o injusto Duryodhana era o mais velho. Os Kauravas eram inimigos dos primos, os virtuosos Pandavas, contra quem lutaram na guerra do "Mahabharata".

Krishna – A principal encarnação de Vishnu. Ele nasceu em uma família real, mas foi criado com pais adotivos e viveu como jovem pastor em Brindavan, onde foi amado e idolatrado por seus companheiros devotos, as gopis e os gopas. Krishna mais tarde fundou a cidade de Dwaraka. Ele foi amigo e conselheiro de seus primos, os Pandavas, especialmente Arjuna, para quem dirigiu a biga durante a Guerra do "Mahabharata", e a quem revelou seus ensinamentos no "Bhagavad Gita".

Krishna Bhava – "O humor divino de Krishna." Estado no qual a Amma revelou sua união e identidade com Krishna. Inicialmente, a Amma costumava dar *darshan* em Krishna Bhava imediatamente antes de dar *darshan* em Devi Bhava. Durante Krishna Bhava, ela não se identificava com os problemas dos devotos e sim permanecia como testemunha. A Amma parou de dar *darshan* em Krishna Bhava em 1985, após concluir que as pessoas no mundo moderno precisavam de amor e compaixão de Deus como a Divina Mãe.

Lalita Sahasranama – Mil Nomes da Divina Mãe. Recitados diariamente em todos os ashrams e centros da Amma por devotos em grupo ou em suas casas.

lila – Jogo divino.

Mahabharata – Um dos dois grandes épicos históricos indianos, sendo o outro o Ramayana. É um grande tratado sobre o *dharma*. A história conta principalmente o conflito entre os corretos Pandavas e os injustos Kauravas e a grande guerra no Kurukshetra. Contendo 100.000 versos, é o mais longo poema épico do mundo, escrito em torno de 3200 aC, pelo sábio Vyasa.

mahati vinashti – Literalmente, "a grande perda". Refere-se ao fracasso de uma pessoa em realizar o Ser em sua vida.

Mahatma – Literalmente, "grande alma". Apesar do termo hoje ser usado mais amplamente, neste livro, *Mahatma* refere-se a alguém que habite no Conhecimento que ele ou ela é um com o Ser Universal, ou *Atman*.

mala – Rosário.

mantra diksha – Iniciação com um mantra.

Mata Amritanandamayi – Nome oficial monástico da Amma, que significa Mãe do Êxtase Imortal, muitas vezes prefixado por "Sri", que denota bons auspícios.

mithya – Que muda, portanto transitório. Também ilusório ou falso. De acordo com o Vedanta, todo o mundo visível é *mithya*.

naimithika karma – Rituais que devem ser feitos em ocasiões especiais, tais como casamento, morte etc.

nara yagna – Serviço ao próximo.

Narasimha – Encarnação meio leão, meio humana de Vishnu. (Ver Hiranyakasipu.)

nayana diksha – Iniciação pelo olhar.

nishiddha karma – Ações proibidas pelas escrituras.

nitya karma – Ações que devem ser executadas diariamente, segundo injunções escriturais.

Om Amriteswaryai Namah – Mantra que devotos usam para homenagear a Amma, que significa, "Saudações à Deusa da Imortalidade (Amma)".

Om Namah Shivaya – Mantra poderoso que significa: "Me prostro àquele que é Eternamente Auspicioso".

pada diksha – Iniciação pelo toque do pé.

pada puja – Lavagem cerimonial dos pés do guru, ou de suas sandálias, como demonstração de amor e respeito. Em geral inclui lavagem com água pura, leite, iogurte, manteiga clarificada e água de rosas.

panchamahayagna – Os Cinco Grandes Sacrifícios que um chefe de família deve observar diariamente para pagar sua dívida com a natureza e com as forças naturais.

panchamritam – Mistura doce de mel, leite, iogurte, manteiga clarificada e açúcar.

Pandavas – Cinco filhos do rei Pandu e heróis do épico "Mahabharata".

Parvati – Consorte do Senhor Shiva.

peetham – Uma plataforma baixa que serve de assento para o guru.

pitr yagna – Rituais realizados para os antepassados defuntos.

pitr loka – Mundo dos que partiram.

prajapati – O primeiro ser que nasceu, que gerou todas as outras criaturas, inclusive seres humanos, demônios e seres celestiais.

prana shakti – Força vital.

prarabdha – Os frutos das ações de vidas passadas que a pessoa está destinada a vivenciar na vida atual.

prasad – Oferenda abençoada de uma pessoa santa ou templo, frequentemente no formato de alimento.

prayaschitta karma – Ações remediais, executadas para eliminar resultados negativos de ações passadas que foram intencionalmente nocivas.

preyo marga –Busca de felicidade material, ou seja, fortuna, poder, fama.

puja – Adoração cerimonial ou ritual.

punarjanma – Renascimento.

Puranas – Por meio de exemplos concretos, mitos, histórias, lendas, relatos das vidas de santos, reis e grandes homens e mulheres, alegorias e crônicas de grandes eventos históricos, os *Puranas* pretendem deixar os ensinamentos dos Vedas acessíveis a todos.

Rahu – Refere-se a um eclipse do Sol pela Lua. Considerado como um planeta sombra pela astrologia védica.

Rakshasa – Demônio.

Rama – Herói do épico *Ramayana*. Uma encarnação do Senhor Vishnu, é considerado o ideal do *dharma* e da virtude.

Ravana – Demônio poderoso. Vishnu encarnou como Rama para matar Ravana e assim restaurar a harmonia do mundo.

rishi – Videntes realizados ou sábios que percebem os mantras.

Sabarimala – Templo dedicado ao Senhor Ayyappa localizado nos Ghats Ocidentais em Kerala.

sadhana – Prática espiritual.

samadhi – União com Deus. Estado transcendental no qual a pessoa perde todo sentido de identidade individual.

samsara – Ciclo de nascimento e morte.

Sanatana Dharma – "Modo de Vida Eterno"; nome original e tradicional do hinduísmo.

sankalpa – Resolução divina.

sannyasin – Monge que fez os votos formais de renúncia (sannyasa). Um *sannyasin* tradicionalmente usa roupas cor de ocre, representando a queima de todo os desejos. O feminino é *sannyasini*.

Satguru – Literalmente, "Mestre Verdadeiro". Todos os *satgurus* são *Mahatmas*, mas nem todos os *Mahatmas* são satgurus. Satguru é aquele que, vivenciando o êxtase do Ser, escolhe descer ao nível das pessoas comuns para ajudá-las a crescer espiritualmente.

Sati – Filha de Daksha, mulher de Shiva. Incapaz de aguentar as críticas de Daksha à Shiva, Sati imolou-se no fogo ióguico que tirou de si mesma. Depois, renasceu como Parvati e se tornou consorte de Shiva.

satsang – Estar em comunhão com a Verdade Suprema; estar na companhia de *Mahatmas*; ouvir palestras ou conversas espirituais e participar de práticas espirituais em grupo.

seva – Serviço abnegado, cujos resultados são dedicados a Deus.

Shankaracharya – *Mahatma* que restabeleceu, por meio de suas obras, a supremacia da filosófica Advaita, de não dualidade, em uma época em que o *Sanatana Dharma* estava em decadência.

Shiva – Adorado como o primeiro da linhagem dos gurus e como o substrato sem forma do universo em relação à força criadora Shakti. É o Senhor da destruição na trindade de Brahma (Senhor da criação), Vishnu (Senhor da preservação) e Shiva. Em geral, é retratado como um monge, com o corpo coberto de cinzas, serpentes no cabelo, vestindo apenas um tecido e com um prato de esmolas e um tridente nas mãos.

Sita – Consorte sagrada de Rama. Considerada na Índia um ideal de feminilidade.

smarana diksha – Iniciação pelo pensamento.

sparsha diksha – Iniciação pelo toque.

sreyo marga – A busca pela felicidade eternal, ou seja, a Autor-realização.

Sudhamani – Nome da Amma, dado pelos pais ao nascer, que significa "Jóia de Ambrosia".

tapas – Austeridades, penitência .

Tiruvannamalai – Cidade no sopé do morro sagrado de Arunachala no Estado de Tamil Nadu, no Sul da Índia, onde o morou o famoso santo Ramana Maharshi.

tattva bhakti – Devoção baseada em conhecimento, ou correta compreensão, da natureza real de Deus ou do guru.

Upanishads – Parte dos Vedas que lida com o tema de Brâman, a Verdade Suprema e o caminho para realizar esta Verdade.

vairagya – Desapego, especialmente de tudo que é transitório, ou seja, todo o mundo visível.

vasana – Tendência latente ou desejo sutil dentro da mente, que se manifesta como ação ou hábito.

Vedanta – "O fim dos Vedas". Refere-se aos "Upanixades". (Ver "Upanixades".)

Vedas – Mais antiga de todas as escrituras, os Vedas não foram compostos por um autor humano, e sim "revelados" em profunda meditação aos *rishis* da antiguidade. Os mantras que compõem os Vedas sempre existiram na natureza na forma de vibrações sutis; os *rishis* atingiram um estado de absorção tão profundo que puderam perceber esses mantras.

védico – Que pertence aos antigos Vedas.

vibhuti – Cinza sagrada (frequentemente abençoada pelo guru).

viveka – Discernimento, especialmente entre o Permanente e o transitório.

yagna – Sacrifício, no sentido de oferecer algo em adoração ou fazer algo para benefício pessoal e da comunidade.